COLLECTION LATERRADE

3e CATALOGUE

ESTAMPES

FIN DU RÈGNE DE LOUIS XVI

RÉVOLUTION

EMPIRE, RESTAURATION

SECONDE PARTIE

VENTE LES 21, 22 & 23 MARS.

Prix : 1 f. 50 c.

EXPOSITION LE DIMANCHE 20 MARS 1859.

Me DELBERGUE-CORMONT, Commissaire-Priseur.
M. VIGNÈRES, Marchand d'Estampes.

1859

1167 - 25
3267 - 25
3038 75
7448 15

3e CATALOGUE

D'ESTAMPES

HISTORIQUES

FIN DU RÈGNE DE LOUIS XVI

CONVENTION

Chute des Girondins, Terreur, 9 Thermidor (chute de Robespierre)

DIRECTOIRE, CONSULAT, EMPIRE

RESTAURATION

Collection LATERRADE

RÉDIGÉ PAR A. ROCHOUX

2e PARTIE

DONT LA VENTE AURA LIEU

HOTEL DES COMMISSAIRES - PRISEURS

RUE DROUOT, N° 5

SALLE N° 5, AU PREMIER ÉTAGE

Les Lundi 21, Mardi 22 et Mercredi 23 Mars 1859

Par le ministère de Me **DELBERGUE-CORMONT**, Cre-Priseur,
rue de Provence, 8,

Assisté de M. **VIGNÈRES**, Marchand d'Estampes,
rue de la Monnaie, 13, à l'entresol; entrée rue Baillet, 1

chez lequel se distribue le présent catalogue.

EXPOSITION PUBLIQUE

Le Dimanche 20 Mars 1859, de une heure à 4 heures.

1859

ORDRE DES VACATIONS

PREMIÈRE VACATION.

Généraux, chefs vendéens, souverains et généraux étrangers .... nº 497 à 572

Directoire, Consulat .... nº 235 à 287

Têtes de lettres .... nº 310 à 384

DEUXIÈME VACATION.

Restauration .... nº 573 à 594

Napoléon (portraits), Joséphine, Marie-Louise .... nº 385 à 486

Fin du règne de Louis XVI .... nº 1 à 69

TROISIÈME VACATION.

Famille de Napoléon .... nº 487 à 496

Empire .... nº 288 à 309

Convention, Terreur, Chute des Girondins, 9 thermidor, etc. .... nº 70 à 234

Les pièces décrites sous un seul numéro pourront être divisées.

Les têtes de lettres, nº 310 à 384 pourront être réunies et vendues en un seul lot, s'il y a enchère suffisante.

Les portraits de Napoléon, comme général, comme consul et comme empereur, décrits sous les nºs 385 à 461, pourront également être réunis et vendus en un seul lot, s'il y a enchère suffisante.

On commencera à une heure précise.

CONDITIONS DE LA VENTE

Elle sera faite au comptant.

Cinq pour cent en plus des enchères applicables aux frais.

M. Vignères, faisant la vente, se charge des commissions.

Nota. — Toute commission sans prix fixé ou sans limite déterminée sera regardée comme nulle.

AVANT PROPOS.

Nous avons publié, il y a quelques mois, la première partie des pièces sur la révolution, composant le cabinet de M. Laterrade ; cette première partie a pu donner une idée de ce que fut son ardeur à former cette collection.

Voici maintenant le complément.

Les journées émouvantes des 20 juin et 10 août 1792, les massacres de septembre, le 21 janvier 1793, le règne de la Terreur, la chute des Girondins, le 9 thermidor, fournissaient ample matière aux recherches, et nous avons sur ces événements, des pièces que M. Laterrade n'a rencontrées qu'une seule fois, durant sa carrière d'amateur.

Rien n'a été omis par lui de tout ce qui se rattachait à l'histoire de la révolution. Après les portraits, les pièces historiques, les costumes, les allégories, les caricatures, on trouve des jeux de cartes très-curieux, des calendriers où les saints sont remplacés par des légumes, des pièces de mœurs, parmi lesquelles nous plaçons en première ligne la promenade publique par *Debucourt*, artiste spirituel qui nous a représenté sous la forme la plus attrayante la société élégante de 1792.

N'oublions pas de citer les vignettes imprimées comme entêtes de lettres. La collection dans ce genre se compose d'environ 2,500 pièces. Rien de plus curieux que cet ensemble. Les emblèmes de toutes sortes y figurent sous les formes les plus variées. La liberté, l'égalité, l'indivisibilité, le bonnet rouge, le niveau, les attributs de guerre, etc., sont les motifs d'une foule de petites compositions dont un grand nombre sont traitées avec talent. Nous signalerons par-dessus tout celles gravées d'après Prud'hon, l'artiste plein de grâce et de sentiment ; puis les vignettes du comité de salut public, des sociétés populaires, des généraux, des fonctionnaires. L'image aussi bien que la devise révèle l'exaltation de l'époque. Toutes les pièces qui composent cette collection portent la signature de personnages qui ont joue un rôle plus ou moins important. Parmi les lettres, les rapports, les arrêtés, on trouve des documents historiques intéressants et, de plus, des modèles de style inimitable, le style républicain, fraternel et guerrier du temps. C'est assurément *moins bien ciselé* (comme l'on dit maintenant) que la phrase des écrivains de nos jours, c'est parfois plus original et plus amusant.

Après la tempête de la révolution vient l'homme sur lequel vont reposer les destinées de la France.

Bonaparte! Napoléon! Notre amateur a recueilli sur cette grande figure qui se place d'elle-même en tête de l'histoire de notre siècle tous les portraits du temps qui ont passé sous nos yeux. C'est dès aujourd'hui une collection précieuse, car beaucoup sont devenus rares, et il a fallu les démêler au milieu de reproductions modernes sans caractère. L'historien du présent et de l'avenir qui voudra connaître la physionomie réelle du grand empereur la recherchera dans ces portraits. Il y trouvera le général, le premier consul, le maître du monde, le souverain de l'île d'Elbe, le triomphateur et le vaincu des cent-jours, le martyr de Sainte-Hélène.

Napoléon vaincu, c'est l'image de nos revers. La Restauration vient à la suite. Le tableau de notre histoire s'assombrit encore, car l'étranger envahit notre sol. La foule danse en rond dans le jardin des Tuileries en faisant entendre ce refrain ridicule :

Rendez-nous notre père de Gand,
Rendez-nous notre père!

Mais on publie en même temps une caricature sanglante, représentant Louis XVIII en croupe derrière un cosaque. Nos humiliations sont mises à la charge de la royauté.

C'est là que nous nous arrrêtons. Les cosaques bivouaquent aux Champs-Elysées, mais la France se relèvera plus tard.

A. Rochoux.

/ 9 planches

DÉSIGNATION

DES ESTAMPES

1 Ouverture du club de la révolution. Les grands comédiens du Cirque de Pantin. 3 pièces.

2 Bravo! Vive la Constitution! — Quel est donc le seigneur Veto? etc. 2 pièces coloriées.

3 Louis XVI à l'assemblée législative avec ses ministres *Jacoquins*, déclarant la guerre.

— Grande séance aux Jacobins en janvier 1792, où l'on voit le grand effet intérieur que fit l'annonce de la guerre par le ministre Linotte (Narbonne). Très-rare.

— Oh! si Louis XVI avait ma tête et mon fouet!...

4 Le ministre Linotte déclarant la guerre à la noblesse française, à tous les peuples de l'Europe, etc.

5 Grand retour du ministre Linotte. La bonne Sta.. tenant son ministre par les lizières. Rare.

6 Le roi, au milieu de son conseil, s'aperçoit qu'il n'avait plus sa tabatière. Ah çà, Messieurs, qui est celui d'entre vous qui a *Brissoté* ma tabatière? Jolie pièce rare.

7 La chute du ministre Linotte; dans le haut, à droite, dans un nid, Luckner, Lafayette et Rochambeau; au-dessus, le bonnet rouge sur lequel on lit: *La sotte couvée*.

8 Le dégel de la Nation. La statue de la Nation fond sous le soleil royal. Les Sans-Culottes cherchent à maintenir leur ouvrage. Leurs efforts sont inutiles. Ils sont dans la fange à mi-jambes. Des conducteurs de tombereaux ramassent les immondices. On voit les jambes de Barnave et de Prudhomme dans un tombereau. Camille Desmoulins a les bras empêtrés dans les verres cassés de la lanterne, etc. Le roi, la reine, etc., sur une terrasse à droite, applaudissent. Belle pièce rare.

9 D'un tas de fumier les Jacobins tirent un ministre de la guerre (Grave).

10 Le ministre Grave directeur du spectacle. Luckner danse sur la corde, Rochambeau joue des castagnettes, Lafayette fait des tours de force. Pièce dans laquelle on voit aussi figurer Mme Staël, Theroigne, le duc d'Orléans, etc. Rare.

11 Le ministre Grave répandant des bienfaits sur ses protecteurs. (La tête du ministre est une bouteille de vin de Graves). 2 pièces, l'une avant la lettre.

12 Linotte aidé par sa bonne Sta. prenant la gorge de Porc-en-Truie.

13 Les Puissances étrangères faisant danser aux députés enragés et aux *Jacoquins* le même ballet que le sieur Nicolet faisait danser jadis à ses dindons. Curieuse et rare.

14 La Cour des Pairs. Deux Jacobins aux prises sont séparés par un magistrat ; une bande de chiens les entourent.

15 Ci-devant duc d'Aiguillon, passe S. Petite pièce très-rare.

16 Le mea culpa de l'ambassadeur de Mme de Staël (M. de Ségur). Retour de conscience. Ci gît un grand seigneur qui, méprisant son nom, fut le premier brigand, etc. (Le législateur la Resource, M. le Chat.)

10

des 2 planches

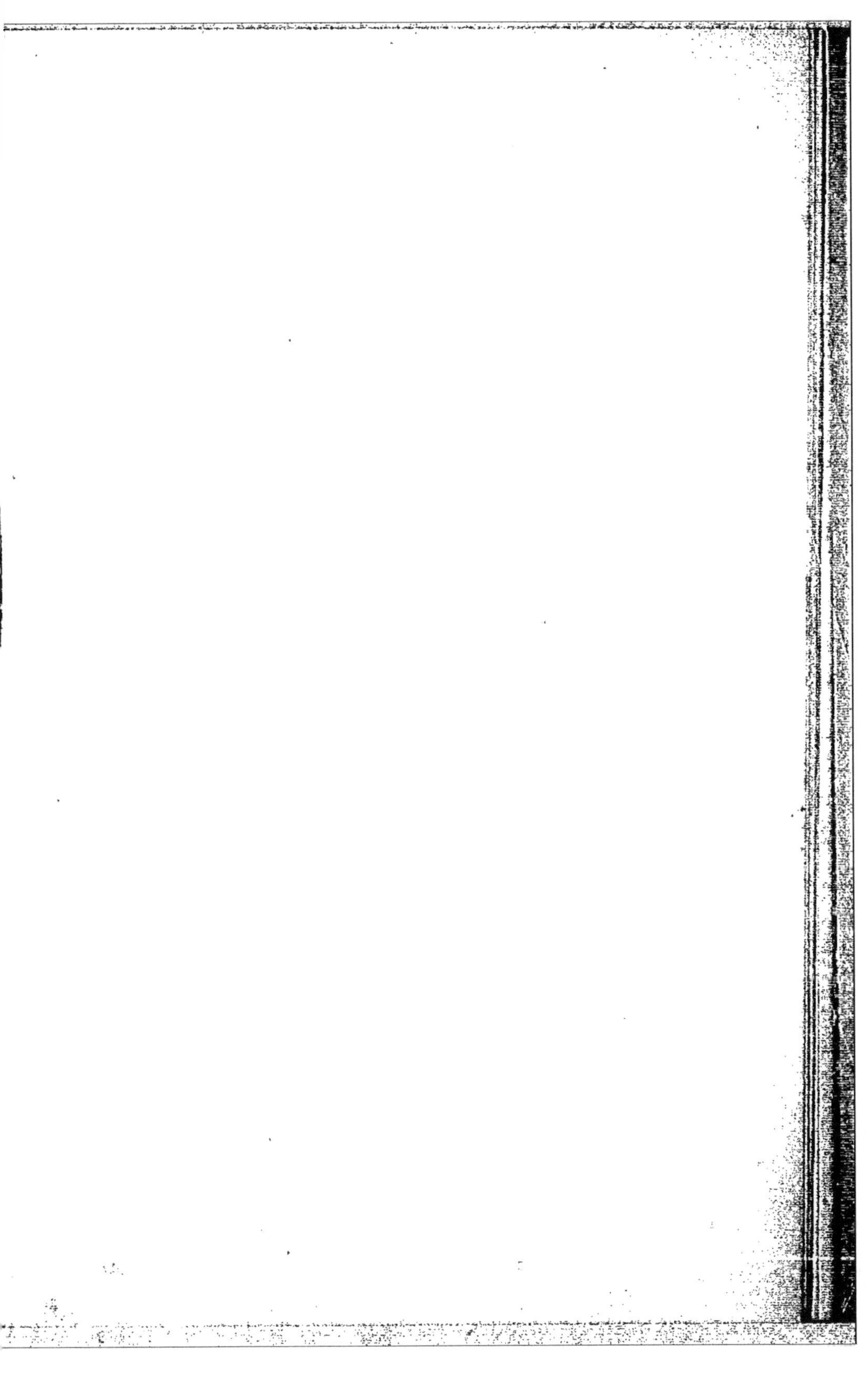

Patel 10 Dobé 8
une pièce

17 Comment furent reçus par les Sans-Culottes le manifeste de Brunswick et les Prussiens. Caricature anglaise, très-rare.

18 Assassinat du général Dillon par ses soldats, à Lille (avril 1792). Caricature anglaise, très-rare.

19 L'empereur d'Allemagne en pied, tête à deux visages, coiffé d'une couronne surmontée d'une girouette ; au-dessus on lit : *Faite pour tourner*.

20 Nouvelle poudre à la maréchal, de la fabrique des sieurs Bender et Cachcabeau. Pièce en bistre, très-rare. Le fameux Bender, épouvantail allemand.

21 Ainsi va le monde. Voiture renfermant des princes et évêques. Elle est traînée par l'empereur d'Allemagne, dirigé par la reine de France et Louis XVI. Derrière, les princes français. Un chien figure un espion jacobin. L'impératrice de Russie, placée sur le ciel de la voiture, allonge un coup de fouet en avant. Chez Webert, rare.

— Même sujet, 2 autres pièces.

22 Prophétie des honnêtes gens. La Victoire terrasse Lafayette, Rochambeau et Luckner. Rare.

23 Le jeu de l'émigré. Au premier coup, c'est bien joué. La boule sur laquelle on lit Bender, lancée par le comte d'Artois, a renversé les quilles surmontées des têtes de Brissot, Vergniaud, Basire, Isnard, etc. Belle pièce, très-rare.

24 Le roi Janus ou l'homme à deux visages.

— Ça ira, ça n'ira pas. Louis XVI lié dos à dos avec la Liberté. Pièce en bistre.

— Même sujet, pièce coloriée.

25 Journée du 20 juin 1792. Des hommes armés de piques et de faulx s'introduisent aux Tuileries. Le roi leur fait ouvrir les portes, par Vérité. 2 épr. dont l'une avant six lignes de texte qui se trouvent dans la 2me.

— Même sujet de moindre dimension. 2 épr. l'une avant la lettre.

— Le roi prend la main d'un garde national et la pose sur son cœur, par Jourdan, d'ap. C. P L. 1792.

26 Dévouement de Mme Élisabeth, qui se présente pour la reine. Pièce où l'on voit Maillard armé d'un sabre, par Vérité, pièce rare, avec une esquisse au trait indiquant les noms des personnages.

27 Nouveau pacte de Louis XVI avec *son* peuple, le 20 juin 1792. Le roi est debout coiffé du bonnet rouge, tenant d'une main une bouteille ; il est tourné à droite. Pièce en couleur, très-rare.

— La même pièce avec une correction dans le texte. On lit : Pacte de Louis XVI avec *le* peuple. Rare.

28 Louis XVI coiffé du bonnet rouge tenant d'une main une bouteille. Médaillon rond. Autour de la bordure, on lit : Nouveau pacte de Louis XVI avec le peuple. Pièce en couleur, excessivement rare.

29 Le roi debout coiffé du bonnet rouge, il tient d'une main une bouteille. Il est dirigé à gauche, au bas six lignes de texte commençant ainsi : Louis XVI avait mis le bonnet rouge, etc. Pièce en couleur de la plus grande rareté.

30 Le roi debout coiffé d'un bonnet vert sur lequel on lit : *Il fait banqueroute à tous les partis*. Il tient d'une main une bouteille et se verse du vin dans un verre. Au bas : Aristocrates, soyez tranquilles sur la santé du traître Louis XVI, etc. A Paris, chez Villeneuve. Pièce en couleur, très-rare.

31 Le crible de la révolution. Le Temps tient le crible sur lequel on voit Louis XVI, Marie-Antoinette, le Dauphin et autres personnages. Au-dessous, 8 têtes sont déjà tombées. Pièce en bistre, rare.

fig. 9. Table 10

fig. 12

Lagi J. [illegible] 7

[illegible] 6

[illegible] 6

32 Les femmes révolutionnaires ou jacobines excitant le peuple à combattre la veille du 10 août. Peinture du temps. Partie des figures sont découpées. Texte explicatif, manuscrit au dos. Cette scène nous donne une représentation très-curieuse des groupes où se fomentait l'agitation révolutionnaire. *Unique.*

JOURNÉE DU 10 AOUT 1792.

33 Attaque des Tuileries. A Paris, chez Villeneuve. Belle pièce rare.

34 Fondation de la République le 10 août. Chez Basset, belle pièce à l'eau-forte, très-rare.

35 La France sauvée. Pièce coloriée, la chute du trône, par Carpantier. Même événement, par Helman, d'ap. Monnet. 3 pièces.

36 La conquête de l'Égalité, ou les trames déjouées. Très-rare.

37 La révolution française arrivée les 17 juillet 1789 et 10 août 1792, par Duplessis, pièce allégorique où l'on voit figurer Voltaire, Rousseau, Marat, les victimes de l'ancien régime, Calas, Sirven, chevalier de la Barre, Latude, etc.

38 Sans-Culotte du 10 août. Pièce coloriée, rare.

39 Pompe funèbre en l'honneur des citoyens tués le 10 août, Camp dans Paris à la nouvelle de la prise de Verdun, Le commandant Beaurepaire se donnant la mort à Verdun, Neuf émigrés à la guillotine, 5 pièces.

40 Louis XVI, Marie-Antoinette et leurs enfants, décrétés de suspension après le 10 août 1792. Pièce allemande.

41 Translation de la famille royale au Temple. Dîner de Louis Capet, Louis XVI au Temple. (Révol. de Paris.) Il s'occupe de l'éducation de son fils. 6 pièces.

42 Vue du Temple. Au bas, à gauche, piédestal sur lequel est placé un vase dont les contours représentent la silhouette des membres de la famille royale. Belle pièce en couleur. Rare.

43 Autres vues du Temple. 4 pièces différentes.

44 Les animaux rares, ou la translation de la ménagerie royale au Temple le 20 août 1792. Marie-Antoinette y est représentée sous la forme d'une louve. Rare.

45 Le passe-temps agréable des habitants de la tour du Temple, caricature anglaise. Parallèle de Tannegui-Duchâtel sauvant le Dauphin en 1418, avec les royalistes de 92 abandonnant le roi. 2 pièces.

46 Étrennes aux fidèles, 1792. Saint Veto martir.... patron des émigrans et des réfractaires. On voit la foudre éclater sur la tête de Louis XVI.

47 Louis XVI jouant au piquet avec un homme du peuple coiffé du bonnet rouge. J'ai écarté les cœurs, il a les piques, je suis capot. Belle pièce en bistre.

— Repique est Capet. Même sujet, le niveau surmonté du bonnet rouge au-dessus de la table où le jeu est étalé.

— Même sujet, pièce coloriée.

48 Échec et mat. J'ai perdu toutes mes pièces. Marie-Antoinette dit : Je vous ai porté malheur. Pièce coloriée.

49 La Trinité bourbonnaise. La Constitution pouvait me faire roi de pique, mais il faudrait être roi de cœur. C'est assez d'être roi de trèfle. Sujet dans un médaillon au-dessous de chaque roi. Belle pièce rare.

50 Cette leçon vaut bien un fromage, sans doute. Pièce contre Louis XVI, très-rare.

51 Vous m'avez connu trop tard. Très-rare.

52 Ah! le maudit animal, etc. Pièce coloriée, très-rare.

53 Autre pièce sur Louis XVI, avec le corps d'un animal. Médaillon rond très-rare.

[illegible]

[illegible]

Vaut 30

Vaut 15

Vaut 8

54 Le déguisement aristocratique (Un colimaçon). Ah! comme ils mangent du fromage. Je garde cette grosse pièce dont on ne veut plus. Allons, plus de distinction. 5 pièces.

55 Le ci-devant grand couvert de Gargantua moderne en famille.

— Même sujet, Louis XVI est représenté avec des moustaches.

Ces deux pièces sont coloriées et d'une grande rareté.

PIÈCES CONTRE MARIE-ANTOINETTE.

56 La panthère autrichienne. Son médaillon est représenté attaché à une lanterne. On lit en haut de la bordure : Marie-Antoinette, la Médicis du XVIIIe siècle. Très-rare.

57 La poule d'Autru-yche. Je digère l'or, l'argent avec facilité, mais la Constitution, je ne puis l'avaler.

58 Avec le corps d'une panthère. Des serpents sur la tête. Médaillon rond, rare.

59 Mme L'Aspict avec des ailes de chauve-souris et des griffes qu'elle pose sur la Constitution.

60 Elle est dans un puits. J'étais altérée du sang des Français, etc. Pièce coloriée.

61 Les deux ne font qu'un. La tête de Louis XVI et de Marie-Antoinette, chacun à l'extrémité du corps d'un animal. Pièce coloriée, très-rare.

62 Louis XVI et Marie-Antoinette, figurés avec corps d'animaux, cherchent à déraciner l'arbre de la Liberté. Fiez-vous à ces déclarations. Troc pour troc. Coiffure pour couronne. Halte là! plus d'aristocratie. La toupie d'Allemagne. 5 pièces.

63 La boîte à Pandore. L'on en voit sortir Antoinette. On lit : *De tous les maux, voilà le pire.* Caricature anglaise, rare.

64. Les sacrifices forcés. Marie-Antoinette à gauche tient un marteau. Elle paraît prête à en frapper la couronne qu'elle a posée sur une enclume. Caricature anglaise, rare.

65 Marie-Antoinette sous la figure de Thémis protégée par l'égide de la Sagesse contre les traits que la Rage lance contre elle. Cette dernière pièce en sa faveur.

MASSACRES DE SEPTEMBRE.

66 Duplain, Panis, Sergent, Deforgues et Jourdeuil rédigeant la circulaire du 3 septembre. Tallien annonçant que tout va bien. Mehée distribuant des armes aux Septembriseurs. 1 pièce.

— La princesse de Lamballe devant le tribunal des Septembriseurs.

— Mlle de Sombreuil sauvant son père, par Duplessis-Bertaux, d'ap. Isabey.

Le cordonnier-juge attendri par Mlle de Sombreuil lui accorde la vie de son père.

— Massacre de prêtres

— Massacres à la Force, au Châtelet, à l'Abbaye, à la Salpêtrière, aux Carmes, à Bicêtre, et des prisonniers d'Orléans. (Révol. de Paris.) 5 pièces.

67 Bataille de Jemmepe, 6 novembre 1792. Belle pièce, rare.

68 Les rois. Déroute des Prussiens par les Sans-Culottes. Réception faite à Brunswick, etc. 12 caricatures.

69 Le Geova des Français, niveau sur lequel on lit : 1792, par Copia, d'ap. Sauvage.

70 Hommage à la Liberté. Elle est placée sur un piédestal. Des jeunes gens et des jeunes filles viennent déposer des guirlandes et des paniers de fleurs. Au bas, strophe de *la Marseillaise* : Amour sacré de la Patrie, etc.

71. O Liberté ! naisse bientôt le jour, etc *Commune affranchie* (Lyon), chez Desombrages. Rare.

Pág. 6

Pág. 26 — Patil 10
las 5 p. — la [illegible]

Pág. 6

Dob. 6

[illegible]

[illegible] 6 [illegible] 5

[illegible] [illegible] 15

72 Machine proposée à l'assemblée nationale pour le supplice des criminels, par M. Guillotin. Rare.

73 Guillotine élevée en place du Carrousel le 13 août 1792, servant à punir les conspirateurs et ennemis de la patrie. Chez Fillion et Valmont. Très-rare.

74 **Pièces contre le duc d'Orléans** (Philippe-Égalité). Philippiques. On voit le duc d'Orléans à la tête de révolutionnaires armés de piques. Plusieurs portent des têtes coupées.

75 Philippe-pique. Il est représenté en roi de pique. — En pied, une fourche à la main, une pique à ses pieds. Pièce coloriée.

76 Il s'avance, entouré de révolutionnaires portant des têtes, pour s'emparer du trône. Le buste de Louis XVI est défendu par le prince de Condé. La France est écrasée sous les débris du trône. Belle pièce rare.

77 La pelle et les sabots sont du même bois. Les loups ne se mangent point. Chabroud savonne la figure du duc d'Orléans pour le laver des massacres figurés par des têtes coupées. 2 pièces.

78 Il cherche à fuir dans une voiture attelée de lièvres. Toutes les nations le repoussent. Très-rare.

79 Grand maître de l'ordre du Cordon gris en habit de cérémonie. Le bourreau le conduit la corde au cou.

80 Essai de la guillotine. Le duc d'Orléans est placé sous le glaive. A gauche, viennent Target, Bailly, Lafayette, etc. Rare.

81 La balance de Thémis. Les crimes des rois et reines de France depuis 14 siècles. Les crimes de l'assemblée pendant les années 1, 2 et 3 de la Liberté. La balance de ces derniers est plus lourde. 2 pièces différentes sur ce sujet.

82 Caricatures contre Monsieur, frère du roi et les princesses de la famille royale, 5 pièces.

83 Monument découvert à Herculanum. Suite de 10 frises sur 6 feuilles, plus un titre. L'artiste, sous la forme de bas-reliefs antiques, a représenté les événements de la révolution.

84 **La promenade publique**, par *Debucourt*, 1792, *chez Depeuille, rue Denis.* Aucune autre pièce ne nous donne comme celle-ci les costumes, la physionomie et les manières de l'époque. Exécutée par un artiste de talent ; c'est en même temps sa pièce capitale. Elle est imprimée en couleur et parfaitement conservée. *Très-rare.*

85 Assassinat de Bassville, à Rome, le 13 janvier 1793. Pièce bien exécutée, à l'eau-forte. *Rare.*

86 Conquêtes de la République. 8 médaillons représentant des victoires. Au milieu, Louis XVI rentrant du jardin à la tour du Temple.

— 8 Médaillons représentant des événements de la révolution et des victoires. Au milieu, interrogatoire de Louis XVI à la Convention le 26 décembre 1792. Ces deux pièces par Lebeau, d'après Desrais, 1792. Rares.

87 Le ci-devant roi allant à la Convention, et sa comparution à la barre le 11 décembre 1792. 2 p. (Révolutions de Paris).

— Louis XVI devant la Convention le 26 décembre 1792, par *Vendramini*, d'ap. *Pelegrini*, grande et belle pièce. *Rare.*

88 **Adieux de Louis XVI** à sa famille. Pièce en couleur. *Rare.*

— Même sujet, par Gabel, d'ap. Benazech.

— Par Sch....h.

— 2 petites pièces en rond (anonymes).

— 2 pièces en hauteur (anonymes). Sera divisé.

Laj. 10

Laj. 10

Laj. 1

Laj. 3

89 Louis le traître, lis ta sentence. On voit une main écrivant : « Dieu a calculé ton reigne, » etc. Au bas, représentation de la guillotine sur la base de laquelle on lit : Elle attend le coupable. A Paris, chez *Villeneuve*. De la plus grande rareté.

90 Louis XVI en voiture arrivant à l'échafaud, par F. Joubart. Rare.

91 Exécution de Louis Capet XVIe du nom (A Paris, chez Basset). Grande pièce coloriée, de la plus *grande rareté.*

92 Mort de Louis Capet XVIe du nom (A Paris, chez Basset). Pièce coloriée. *Très-rare.*

93 Louis XVI sur l'échafaud, son confesseur lui présente le Christ. Grande pièce en travers, avant la lettre. *Rare.*

94 Louis XVI sur l'échafaud. — J'ai toujours aimé mon peuple.... je meurs innocent. Petite pièce en hauteur.

95 Journée du 21 janvier 1793, par Helman, d'ap. Monnet.

96 Matière à réflection pour les jongleurs couronnés. La tête du bourreau tient la tête de Louis XVI. Au bas, niveau surmonté du bonnet. Chez Villeneuve. *Très-rare.*

97 Testament de Louis XVI ; au milieu du haut, son portrait surmonté du triangle ; à gauche, le Dauphin ; à droite, Madame, fille du roi. (*Chez Pasquier et Jagot, rue Jacques*). *Rare.*

98 Testament de Louis XVI. Ses adieux. Son exécution, etc. 36 pièces. *Sera divisé.*

99 Tombeau de Louis XVI. Tombeau de Louis XVI et Marie-Antoinette. 2 pièces.

100 Réception de Louis Capet aux enfers, par grand nombre de brigands ci-devant couronnés. A gauche, on voit Pâris, l'assassin de Pelletier, s'avançant vers la barque de Caron, et dans le lointain, un démon annonçant avec un cornet à bouquin l'arrivée de Marie-Antoinette. Pièce de la plus *grande rareté*.

101 Journée du 31 mai 1793. Arrestation des ambassadeurs français, à Novate, le 25 juillet 1793. Assassinat des plénipotentiaires à Rastadt. 3 pièces, épr. d'eau-forte pure, par Duplessis-Bertaux.

102 Exécution de Custine, le 28 août 1793. Rare.

103 Le dauphin enlevé à sa mère, par Verhelst, d'ap. Pelegrini.

104 Le dauphin arraché des bras de sa mère, par Bovi. Adieux de Marie-Antoinette à son fils. 2 pièces.

105 Séparation de Marie-Antoinette d'avec sa famille dans la tour du Temple, par Vérité.

106 Marie-Antoinette sur l'échafaud, petite pièce anonyme. Son exécution, par Helman, d'ap. Monnet. 2 pièces.

— Même sujet, petite pièce anonyme allemande.

107 Testament de Marie-Antoinette, tombeaux, etc. 29 pièces.

108 Louis XVI, Marie-Antoinette, etc., portant leurs têtes, comparaissent devant les juges des enfers. Rare.

108 bis. A la nation française les protestans reconnaissans. Présenté et dédié à la Convention nationale, l'an II de la république, 1793, par *Duplessis*.

109 Lanjuinais, esquisse de profil au crayon, signée : *David*, 1793.

110 Siége et bombardement de Lyon (octobre 1793).

111 Unité, indivisibilité de la république. Liberté, égalité, fraternité ou la mort. Cette pièce représente les armes et devises de la république; au milieu, faisceau surmonté du bonnet rouge. Très rare.

Salet 10

Renouv. 9

Loj 8 Renouv. 7

— Même sujet, autre composition (chez Bassot). *Très-rare.*

112 Nous mangerons le monde et les rois se tairont. Règne de Robespierre, 2 septembre 1792. Au-dessous un ossuaire. Pièce *rare.*

113 Traîtres, regardez et tremblez. Elle ne perdra son activité (*la guillotine*) que quand vous aurez tous perdu la vie, par J. R. Louvion. *Très-rare.*

114 La véritable guillotine ordinaire. Ha ! le bon soutien pour la liberté. *Très-rare.*

115 Mort du général Dampierre, 8 mai 1793, par L. P., d'ap. Taunay. Mort de Fabre, de l'Hérault, le 12 janvier 1794; du général Moulins, affaire de Chollet (Vendée), février 1794. Action courageuse du citoyen Mandement. 4 pièces.

116 **Journée du 31 mai 1793.** Révolte fomentée par la montagne contre les girondins qui furent décrétés d'accusation (*Dorgez, aquâ forti*). Belle pièce non terminée.

— Gravé par *Tassaert*, d'ap. l'esquisse du citoyen *Harriet*. Rare.

— Brissot et ses complices au tribunal révolutionnaire; les mêmes condamnés à mort. 2 pièces (*Révol. de Paris*).

117 Monuments nationaux élevés pour la fête de la Fraternité, célébrée le 10 août 1793. 5 médaillons sur une feuille.

— Fontaine de la régénération, par Helman, d'ap. Monnet.

— Porte-drapeau de la république, par Copia. Avant la lettre.

118 Repas fraternels les 11, 12 et 13 mai 1793. Fête à l'Être suprême, le 8 juin 1794. 2 jolies pièces, eau-forte pure, par Duplessis-Bertaux.

119 Violation des tombeaux, 1793, composé et dessiné par *Mr Piis*. Ce dessin est de la plus mauvaise exécution, mais très-curieux. On voit que le naïf dessinateur retrace des faits qu'il a vu s'accomplir.

— Autre dessin de la même force. Il représente *M. de Piis* devant la municipalité de Toulouse, son interrogatoire et l'ordre de le mettre en lieu de sûreté. Le texte manuscrit que l'on trouve sur ces deux pièces est de la main de M. de Piis

Ce numéro sera divisé.

120 Le triomphe de la montagne, par *P. Lelu*. Belle pièce coloriée. *Excessivement rare*.

121 Le triomphe de la montagne. Le peuple souverain écrase le démon du despotisme ; la tiare, la couronne, les titres de noblesse sont par terre, brisés pêle-mêle. Chez la *citoyenne Bergny*. En bistre. *Très-rare*.

122 Vue de la montagne, élevée au champ de la réunion pour la fête en l'honneur de l'Être suprême, le décadi 20 prairial de l'an II.

— La même coloriée.

— Véritable détail de la cérémonie, par Hubert, architecte, avec l'hymne :

« O Dieu puissant invisible à nos yeux, etc.

123 Les droits de l'homme sont attachés à l'arbre de la raison. Près du tronc de l'arbre, on voit l'ancien trône sous lequel sont des crânes et ossements des victimes du despotisme ; dans le fond, à gauche, le peuple témoigne sa joie ; mis au jour par *Basset*. Belle pièce de la *plus grande rareté*.

124 Le thermomètre du sans-culotte. Belle pièce allégorique. Carafe inve. Guyot ex. *Rare*.

125 Patrouille en 1793. Dessin curieux du temps.

126 Intérieur d'un club révolutionnaire. Dessin du temps. Très-curieux.

cháp. 10

[illegible]

Renvoi 9

Va Gil
Versailles Seule

127 Egalité. On voit des charbonniers, coudoyant des chevaliers de Saint-Louis, déposer au secrétariat de la municipalité le signe distinctif qu'ils tiennent de l'ancien régime. *Chez Queverdo.* Pièce bien exécutée, curieuse et *très-rare.*

128 Liberté des noirs. Moi, libre aussi. Vêtements coloriés. En liberté comme toi, par Bonneville, etc. 4 pièces.

129 Le camp des patriotes, avec danses et divertissements sous des tentes. Dessin colorié.

— Autre dessin, à la plume, colorié et plein d'animation. Bien exécuté.

130 Officier ou centurion des élèves du camp de Mars (1794), par Duflos. En couleur. Rare.

131 **Brevets** de garde national, de commandant, congés militaires, etc. 11 pièces.

132 L'ordre et la marche des puissances coalisées. Les rois font l'office de bêtes de somme, et traînent le char de la France. (Chez le *citoyen Tisset.*) *Rare.*

133 La Liberté triomphante, ou les sans cœurs terrassés. Les comtes de Provence et d'Artois, Mirabeau Tonneau, etc., sont renversés dans la mêlée. Pièce en bistre. *Très-rare.*

134 Congrès des rois coalisés, ou les tyrans découronnés. Le bonnet de la liberté, rayonnant de gloire, surprend tous les tyrans rassemblés. *Rare.*

135 Le nouvel astre français, ou la cocarde tricolore, suivant le cours du zodiaque. Le Temps éteint les lumières qui brillent au-dessus du buste des rois; le piédestal, sur lequel se trouvait Louis XVI, est renversé. Pièce *très-rare.*

136 L'unisson. Les républiques batave, italienne, etc., réunies autour de la république française, chantent un *Te Deum.* — La Coalition. Les rois cherchent à enlever le bonnet de la République qui rit de leurs efforts. 2 pièces par *Gibelin.*

137 Ducs d'Yorck et Cobourg corrigés par Pichegru et Jourdan. Pièce coloriée.

138 Enjambée impériale. Catherine, un pied sur la Russie, l'autre sur le croissant. Pièce coloriée.

139 La Coalition des rois, ou des brigands couronnés, contre la république française. Grande pièce avec pot-pourri. Très-rare.

140 Le Charlatan politique, ou le léopard apprivoisé. On voit à gauche un sans-culotte sciant l'une des échasses de Pitt. Grande pièce coloriée. Rare.

141 **Le Trium-Geusat.** Frédéric, Brunswick et François à la lanterne; au bas, deux couplets :

> Que le grand roi des Hulans,
> Sur la foi des émigrans, etc.

Chez Villeneuve. Curieuse et *très-rare*.

142 La Liberté assise, un coude appuyé sur les tables de la République, que les rois essaient en vain de ronger. Jolie pièce. *Rare*.

143 Le Mariage républicain. Le Divorce. La dernière en couleur. 2 pièces, par *Legrand*, curieuses et rares.

Deux amours à l'autel de l'hymen. Petite pièce.

144 Le Bastringue, ou la folie du jour. Bal populaire sous la république. Chez *Bonneville, rue Jacques*. Pièce rare.

145 Refrains patriotiques. Danse autour d'un arbre de la liberté rempli de cocardes et surmonté du bonnet rouge. Pièce coloriée. *Rare*.

146 Dansons la carmagnole. Un soldat républicain prend par la taille une chanteuse des rues qui le repousse. Jolie pièce. *Excessivement rare*.

147 Lettre du républicain Palloy avec figure du peuple vainqueur des tyrans. Les voilà ces jolis tyrans. Hommage à la valeur parisienne, par Picquenot. Épitre de saint Pierre au peuple français. L'aristocrato stordito. Fesse-Mathieu, 6 pièces.

148 Représentant du peuple en mission, par Louvion.

6. 9.

ay. 11

ay. 0

Vakil [illegible] Laj. B

Vakil 3 Laj 3

149 Françaises devenues libres. 2 pièces dont l'une en couleur fond rouge (*chez Villeneuve*). *Rare.*

150 Ah! ça ira, ça ira, etc. Jeune chanteuse accompagnée d'un enfant, par Maugein, d'ap. Lallemand. Dansons la carmagnole. 3 pièces.

151 Les vingt-cinq préceptes de la raison, par Angélique Briceau, femme Allais. *Très-rare.*

152 C'est du fruit de la montagne, lorgnez, aristocrates, etc. Cette pièce représer[illegible] le palais des Tuileries; au-dessus plane la Constitution; à droite et à gauche du bas, groupes nombreux de personnages. Jolie pièce par *Roussel*. *Très-rare.*

153 Manufacture nationale de nécessaires à barbe et de rasoirs; dans le haut, trophées surmontés du bonnet rouge entouré de rayons. *Rare.*

154 Décret du 18 floréal. Au lieu du portrait de Louis XVI, on lit : Le peuple français reconnaît l'existence de l'Être suprême, etc.; en haut, dans deux médaillons, la Liberté et l'Égalité, d'ap. *Debucourt*, par Legrand.

155 Liberté, égalité. Trinité conventionnelle. Constitution de la république, 1793. Montre économique pour les sans-culottes. Emblèmes. Évangile de la liberté, adressé par les sans-culottes à l'Être suprême, et Credo. 6 pièces.

156 L'Amour sans-culotte. Jolie petite pièce. *Très-rare.*

157 Carte de la république française divisée en 87 départements, par les citoyens Brion et Poirson, 1793. — En 88 départements, au bureau des révolutions, l'an 3e. 2 pièces, la [illegible]emière *très-rare.*

158 Assassinat de Collot d'Herbois. Un homme lui tire deux coups de pistolet. C'est la tentative d'assassinat de l'Admiral dans la nuit du 3 au 4 prairial an II. A Paris, chez *Sombret*.

159 Philippe-Égalité conduit au supplice, par Berger, 94, d'ap. Schubert. Petite pièce. *Rare.*

160 La Liberté tenant d'une main la Table de la Loi, de l'autre montrant le ciel, avec bas-relief allégorique. Dessin par Marlet.

161 La Raison, la Philosophie, la Liberté, patrone des Français; la Justice, la Force, la Fraternité, la Vertu, la Vérité, la Probité, la Paix, la Nature, l'Égalité de droits, l'Innocence, l'Indivisibilité, la Discrétion, la Bienfaisance, Triomphe des victoires républicaines, etc. 54 pièces par divers. Cet article pourra être divisé.

162 La Philopatrie, par Laurent, d'ap. Cochin La Loi, d'ap. *Prud'hon*. 2 pièces.

163 Liberté, Égalité, par Allais, d'ap. *Fragonard* fils. 2 pièces.

164 La Liberté, par la citoyenne Lingée, d'ap. Boizot. La Prudence, par Massol, d'ap. Taillasson. L'Héroïsme français, par Gautier, d'ap. Boizot. 3 pièces.

165 Liberté, Égalité. Chez Chereau. 6 pièces à différents tons de couleur.

166 La Liberté montrant aux autres nations la France et la Pologne. Médaillon fond bleu. Rare.

167 La Liberté, l'Égalité, par Phelippeaux, d'ap. Desrais. 2 jolies petites pièces en couleur.

168 Le Triomphe de la Liberté. Chez la citoyenne Bergny. Rare. Liberté, par *Janinet*, d'ap. Moitte. 2 pièces.

169 Libertas. Joli dessin.

170 Liberté, Fraternité. Unité, par *Debucourt*. 3 pièces.

171 Les dix Commandements de la république française, par Le Roy, d'ap. Desrais. Très-rare.

172 La Liberté, sur un piédestal, reçoit les hommages des défenseurs de la patrie. Pièce en couleur. Rare.

173 Représentation d'un temple; chemins de la Vertu et de la Raison taillés dans le roc, il faut y passer pour arriver au temple de l'Égalité; au milieu, Hercule se reposant sur ses travaux; au-bas, caverne où sont renfermés et enchaînés le Crime et la Tyrannie. Curieux dessin.

Zenone 10
choisis pour

[illegible]ntoine 5

[illegible] 7

[illegible] 17

173 *bis* — Un dessin d'arc de triomphe, et un dessin emblématique du patriote Palloy.

174 La France républicaine, République française, la République triomphante et emblèmes analogues. La plupart rares.

175 **Nouvelles cartes** de la république française. Génie de la guerre, liberté des cultes, égalité de devoirs, les 12 figures et les 4 lois (as) sur la même feuille, avec le texte explicatif qui est fort curieux. Ce jeu est de la plus grande rareté et d'une conservation parfaite. Il est colorié.

176 **Cartes** de la république. Au lieu de rois: Brutus, J.-J. Rousseau, etc.; au lieu de valets: sans-culotte vainqueur de la Bastille, etc.; pour dames: Union, Force, etc. Ce jeu est *excessivement rare*. Il est colorié.

177 Autre jeu. *Sage* pour roi, Solon, Caton, etc.; *Vertu* pour dame, Justice, Prudence, etc.; *Brave* pour valet, Mutius Scævola, Annibal, etc. Les figures sont en noir. Rare.

— Même jeu. Figures coloriées. Très-rare.

178 **Calendrier** calculé pour trente ans, présenté à la Convention, en décembre 1792, par le républicain J.-F. Lefèvre, avec figures allégoriques. Rare.

179 **Calendrier** pour l'an II, par *Debucourt*, avec les indications de *Raisin*, *Bœuf*, etc., et la désignation des fêtes sans-culotides. Belle pièce. Rare.

180 **Calendrier perpétuel**, avec 4 médaillons ronds, sujets galants. Rare.

181 Autre calendrier pour l'an 2e et 3e. Chez Basset. Sur la première feuille, dans le haut, carte du département de Paris, entourée de trophées avec bonnet rouge et têtes sur des piques; au bas: Honneurs funèbres rendus aux citoyens morts le 10 août 1792; sur la deuxième feuille, marche des fédérés du 14 août 1793. *Très-rare*.

182 Calendrier de la république pour la 3e année, par Queverdo, en deux feuilles; sur la première feuille, portraits de Châlier et de Barra; sur la deuxième, Lepelletier St-Fargeau et Marat; à la place des saints on lit : *Raisin, Safran, Ane, Dindon, Chien, Chat*, etc. Curieux et fort rare.

183 Calendrier perpétuel de la république, 1794. Très-rare.

184 Calendrier pour l'an III avec désignation du primidi, duodi, etc., l'indication des cinq fêtes sans-culotides. Très-rare.

185 Mois républicains, par Tresca, d'ap. Lafitte. 12 pièces.

186 Cartes de sociétés populaires : de Caen, par Lemire, du Contrat social, du comité révolutionnaire de Dieppe, de Péronne, de Sedan, etc. 11 pièces.

187 **Assignat** de 10,000, créé le 18 nivôse an 3e. Très-rare.

188 Papiers monnaies, depuis 1790 jusqu'à juillet 1796 portrait de Louis XVI dans le haut. Rare.

189 Assignats. Tableaux des papiers-monnaies. 18 pièces.

190 Le Triomphe de l'agioteur. Il est sur un char traîné par deux tigres; les roues écrasent plusieurs victimes; à droite et à gauche les monnaies de Louis XVI et de la révolution. Très-rare.

191 La déclaration des droits de l'homme et du citoyen, avec figures allégoriques et trophées. 2 épr., l'une avant la lettre.

192 Acte constitutionnel du peuple français, avec figures allégoriques et trophées, — accepté par le peuple, le 10 août 1793 (chez Gamble et Coipel). — A Paris, chez Aubert.

193 Déclaration des droits de l'homme et du citoyen, par *Machy*.

— A Paris, chez Bonneville.

— Chez Esnaut et Rapilly, coloriée. Rare.

— Entourage forme de temple; sur le fronton, le bonnet rouge au-dessus du mot Dieu.

Pomm. 17

Laj. 4

Laj. 4

194 Déclaration des droits de l'homme, emblèmes de plusieurs figures dans le haut, d'ap. Lagrenée. Rare.

195 Dans le haut, figure allégorique avec couronne d'étoiles au-dessus de la tête ; à gauche la Liberté, à droite l'Égalité ; entourage de trophées ; au-dessus, les droits de l'homme et du citoyen. Belle pièce par *Debucourt*. Rare.

196 Droits de l'homme. Texte manuscrit, entourage cintré par le haut ; au milieu, faisceau surmonté du bonnet rouge. Dessin grossier, mais qui porte le cachet de l'époque. — Emblèmes sur le même sujet. Dessins et gravures. 8 pièces.

197 Institutrice républicaine. Une jeune mère fait lire les droits de l'homme à un enfant coiffé du bonnet rouge. Pièce en couleur. *Rare*.

198 Beau dessin à la plume lavé de bistre, très-terminé, signé Courteille. Dans le haut, à droite, la Vérité, appuyée sur la Liberté, montre la constitution. La foule, hommes et femmes, lèvent les mains avec enthousiasme et applaudissent ; la Discorde terrifiée s'enfuit vers la gauche. Du même côté, dans le bas, des personnages, représentant l'aristocratie, fuient en montrant les poings. Pièce capitale et unique.

198 bis. Fête à la vieillesse. Will fils, del. 1794 ; Duplessis Bertaux, sculp aquâ forte, 1795, pièce très-bien exécutée. Épreuve superbe avant la lettre.

199 Signalement des chouans et autres contre-révolutionnaires. 2 pièces caricatures. *Rares*.

200 Temple de la Liberté, élevé sur la place de Liége, le jour de la fête solennelle du 1er vendémiaire an V. Dessin par *Dreppe*, peintre. Cadeau de l'amitié.

201 Ficelle dit Brutus tond les chiens et va-en-ville. Jolie pièce à costumes d'incroyables. *Rare*.

202 Dernière séance du club des Cordeliers, lutte à laquelle la garde vient mettre fin.

203 L'intérieur du Comité révolutionnaire. Scène dernière : on vient en arrêter les membres. Dans le haut de cette pièce, à gauche, on voit le buste de Marat. A Paris, chez le *citoyen Boulet*.

Le 9 Thermidor an II.

204 Robespierre, Couthon et Saint Just mis hors la loi; par Helman, d'ap. Monnet.

205 La nuit du 9 au 10 thermidor an II. Arrestation de Robespierre, de Couthon, de Saint-Just, etc. On voit le gendarme Meda qui tire un coup de pistolet à Robespierre; pièce d'un grand intérêt historique : par Tassaert, d'après Harriet. *Rare*.

206 Arrestation de Robespierre; par Sloane, d'ap. Barbier. Dans cette pièce, c'est Robespierre qui dirige un pistolet sur lui-même; un gendarme essaie de lui détourner le bras. *Très-rare*.

207 Exécution de Robespierre. Le sujet est entouré de lettres bizarres formées par des figures. Pièce allemande. *Rare*.

208 *Hebert* (le père Duchesne) dans sa prison; il s'arrache les cheveux. On voit, à droite, un geôlier accompagné d'un chien. Dans la marge du bas, on lit : « Il est b..... en colère le père Duchesne. » Pièce d'une *extrême rareté*.

209 Prison des Magdelonnettes, sous la tyrannie de Robespierre.

210 Le Miroir du passé pour sauvegarde de l'avenir. Au bas, vers la gauche, on voit la dame du Niveau, ou la sœur Égalité (*la Mort*), donnant l'accolade à Marat, grand maître de l'ordre du Cimetière. Danton met sur la tête de la Mort le bonnet de l'Énergie. A gauche, les Pères de l'Église MARAT : *Hébert*, *Fouquier-Tinville*, *Couthon*, etc.; au-dessus, la tribune des chevaliers du Cimetière; autre avec les tricoteuses de Robes-

[illegible] 7. [illegible] 6

[illegible] 12

[illegible] 20.

pierre et les Furies de la guillotine ; composition curieuse, avec texte en haut et sur les côtés, et vers au bas. *Très-rare.*

211 Plaies de l'Égypte. 8 sujets sur la même feuille. Voilà le grand jugement du Tribunal révolutionnaire ; Proconsuls envoyés dans les départements ; un sans-culotte encense Marat, etc.

212 Quelle proportion ! Un révolutionnaire déguenillé, tient une balance. Sur l'un des plateaux, la guillotine, les journées de septembre, etc. ; sur l'autre plateau, châtiment, déportation.

213 Le Temps resserrant les nœuds des frères et amis. (Deux jacobins avec la corde au cou). *Très-rare.*

214 Acte de justice du 9 au 10 thermidor. A la gauche, vers le haut, l'ange vengeur portant la foudre d'une main ; de l'autre, un panier sur lequel on lit : *paguié municipal.* De ce panier s'échappent des têtes de suppliciés. Deux Furies tiennent par les cheveux des têtes, parmi lesquelles est celle de Robespierre, avec couronne formée de poignards et de têtes de morts. A droite, ossuaire d'où s'élèvent des flammes. Cette pièce est signée, à gauche, sous le trait carré : *Viller pinxt*, et très-bien exécutée à l'eau-forte. C'est la seule épreuve que l'on connaisse ; elle est considérée comme *unique.*

215 Quatre têtes : Jacobin. Les profils de Louis XVI et Marie-Antoinette, se voient aux contours du cou et du bonnet. 2 épr. l'une avant la lettre.

216 Terre des esclaves, terre de liberté, ruines de la place Louis XV, le club (on voit les jacobins aiguisant leurs poignards) ; la France éplorée, effrayante apparition des ombres des victimes de la Révolution, saisissant un sans-culotte à la gorge ; mariages républicains, etc. 13 pièces

217 Le bon Sans-Culotte. Madame Sans-Culotte. 2 pièces en couleur. *Très-rare.*

218 Président du Comité révolutionnaire s'amusant de son art (c'est un cordonnier) avant la levée d'un scellé. *Très-rare.*

— Le même, après la levée d'un scellé (il emporte l'argenterie). *Très-rare.*

219 L'Ami de la justice et de l'humanité, ou Le Jacobin déguisé; il marche un poignard à la main et foule aux pieds la Constitution.

220 Les chiens d'aristocrates rongent le citoyen, etc. Pièce en couleur. *Très-rare.*

221 Citoyen né libre. Pièce en couleur. *Très-rare.*

222 Patrouille révolutionnaire. Amis, quelle mission s'offre à notre courage; Laissons-là les lauriers, mais courons au pillage. *Très-rare.*

223 Armée révolutionnaire : les soldats portent toute espèce de provisions au bout de piques. Caricature.

224 Le Jacobin du 1er prairial. Le Jacobin du 4 prairial. Les deux figures sur la même feuille. *Rare.*

225 Adoration des patriotes à l'aspect d'un gros sou, l'an (sans argent) III de la liberté. *Rare.*

226 Fin tragique de la république française. On voit, à droite, Voltaire demandant : *Quand finiront vos sottises?* Un corbeau, perché sur une ruine, répond : *Cras! cras! cras!*

227 Grand convoi funèbre de leurs majestés les Jacobins, en leur vivant nos seigneurs et maîtres. Pièce en couleur. *Rare.*

228 Tableau des patriotes assassinés au camp de Grenelle, le 23 fructidor an IV. Un Jacobin, dessin au crayon. Assassinat de Féraud, 1er prairial an III. Journée du 13 vendémaire an IV, par Helman, d'ap. Monnet. 4 pièces.

229 Traits d'héroïsme et de dévouement sous la république. 42 pièces. Pourra être divisé.

230 Pièces relatives à la Révolution; dessins et gravures. 101 pièces. Sera divisé.

[illegible]

[illegible]

[illegible]

231 Autres pièces relatives à la Révolution. 44 pièces. Sera divisé.

232 The doctor indulged. — Le bonjour royal. — Lord Malbesbury presque étouffé par les embrassements des Parisiennes. — Révolution, pièce où figurent le duc d'Orléans, Lafayette, etc. — The national Assembly petrified et revivified. — Guillot effrayé, ou Pitt aux expédients. 6 belles caricatures anglaises. *Rares.* Sera divisé.

233 The victorious procession to St Paul (1797). — Voluntary subscripcions (1798). 2 belles caricatures anglaises sur Pitt. *Rares.*

234 L'ambition le domine. — Vengeance des dupes. — Démission forcée du duc de Cambridge, qui s'enfuit en voyant apparaître un tambour français. — Le roi George commandant en personne l'élite de son armée royale-cruche. *Rare.* — Rex Janus : le roi George à double face. — Grand saut de George rassuré par Pitt. 6 belles caricatures.

Directoire.

235 Détail des objets provenant de Notre-Dame-de-Lorette, envoyés à Paris par le général Bonaparte, avec la représentation de l'image de la Vierge sculptée par saint Luc, etc.

236 Conjuration de Babeuf, l'an IV ; pièce allégorique représentant la France sauvée de l'anarchie par le génie défenseur de la république. *Très-rare.*

237 **Costumes** de membres du Directoire exécutif, de la haute Cour de justice, du Conseil des Anciens, du Conseil des Cinq-Cents, du Tribunal de cassation, messager d'Etat, etc. ; par François, M^{d}, d'après Simon D. 10 pièces en couleur.

238 Costumes des membres du Directoire, des ministres de la république, de représentant du peuple en fonctions, des conseillers d'État, membres de l'Institut, préfets, etc.; par Chataignier, et autres en pied coloriés. 18 pièces.

239 Costumes des ministres de la république, des conseillers d'État, de secrétaire général du Conseil d'État. 4 pièces par Châtaignier, coloriées. *Rares.*

240 Costumes de fonctionnaires sous le Directoire. 14 petites pièces. Habit civil du citoyen français; par Denon, d'ap. David. 2 pièces coloriées.

241 Costumes du Tribunal civil, du Tribunal criminel, de juge de paix, d'officier municipal. 4 pièces coloriées. Chez *Bonneville.*

242 Costumes de général en chef, à cheval, de généraux de brigade et de division, adjudant-général, aide de camp, etc. 7 pièces en couleur, par *Alix*, d'ap. Garnerey; plus, général de division, par Labrousse.

243 Vue d'une séance de la salle des Anciens. 16 costumes de membre du Directoire, du Conseil des Cinq-Cents, etc., forment l'entourage de cette pièce en couleur. *Très-rare.*

— Même sujet, pièce coloriée. *Rare.*

244 30 floréal an v. Tirage au sort pour la sortie de l'un des membres du Directoire. Les quatre qui restent expriment leur joie en dansant. A Paris, chez Depeuille. *Rare.*

245 Sur Barras, avec six vers au bas :

> Plus que Néron mon vicomte est despote,
> Se pavanant sous sa rouge capote,
> Ce roi bourreau pérore sur un ton.....

2 épr , l'une coloriée.

246 Sept cent cinquante m'écrasent. Homme du peuple courbé sous le poids de l'impôt. Cette pièce est faite contre le Conseil des Cinq-Cents et des Anciens.

— Même sujet, en petit.

[illegible]

[illegible]

[illegible]

Lap 5 [illegible] 5

Lap. 20 [illegible] 26. [illegible] 4

[illegible] 21.

247 Entre deux chaises, etc. — Au milieu de la composition, personnage à cinq têtes représentant le Directoire assis sur le balancier politique. A gauche, écusson royal, avec cette inscription : *Le roi et les Prêtres;* à droite colonne de la république éclairée par les rayons du soleil. Belle pièce à l'eau-forte. *Très-rare.*

248 **Théophilanthrope**. Chef de famille expliquant au peuple les principes de la religion naturelle. 2 pièces en couleur.

249 Le directeur Reveillère (La Reveillère-Lepaux) représenté comme pape des théophilanthropes. On dit cette pièce gravée d'après *Prud'hon*. Très-rare.

— Mahomet-Théophilanthrope, pièce satirique contre le même personnage.

250 Le culte naturel. Cérémonie curieuse : le prêtre, placé à gauche, élève les mains devant un nombreux auditoire; une jeune femme, placée devant un autel, sur lequel est une corbeille de fleurs, tient un enfant sur ses bras. Pièce signée *Mallet*. Rare.

251 Entrée du général Bonaparte à Basle, le 24 novembre 1797 ; pièce en couleur. Fête de Virgile, à Mantoue, le 24 vendémiaire an VI ; par Niquet, d'ap. C. Vernet. 2 pièces.

252 Les Folies de nos grands-pères et les nôtres. 2 pièces sur une feuille; à gauche, la rue Quincampoix; à droite, le Perron (lieu d'agiotage). — Les Incroyables au Perron, par *Tresca*. Réduction de cette pièce, par *Levilly*. 3 pièces.

253 Le Vampire, *rue Vuide-Gousset*; caricature sur les maisons de jeu; Ce que j'étais, ce que je suis, ce que je devrais être. 2 pièces.

254 Merlan à frire! à frire! Une marchande de poisson fait l'aumône à un pauvre rentier ruiné. — Le Prêteur sur gages : Je prête, Madame, à mes concitoyens à deux cents pour cent d'intérêts. 2 p. par *J. L. Julien*.

255 Vieux Rentier et vieux Pensionnaire sur le chemin de Bicêtre, en 1797. Les Dégraissés donnant la pelle au... du dégraisseur. 2 pièces.

256 Départ de l'état-major du Pape. Arrière-garde du Pape, ou la Frayeur du révérend père Caporal. *Rare*. 2 pièces.

257 La Paix papale, le Traité de paix avec Rome. 2 pièces curieuses et rares.

258 Entrée du Pape à Meleck, ou Le Transport du Saint-Siége de Rome en Allemagne, an VI.

— Le Meâ culpâ du Pape. Belle pièce en bistre. *Rare*.

259 Une table de jeu sous la république. Belle pièce à l'eau-forte avant la lettre.

260 Promenade de Longchamps. Pièce de mœurs très-curieuse (Costumes du Directoire).

261 Lanterne magique républicaine montrée à sir Georges Dandin et à M. Pitt. *Rare*.

262 Caricatures sur le duc d'York, Pitt et le roi Georges. Le duc d'York, roi des sections de Toulon et de Lyon. — Il faut déclarer la guerre à la France (Pitt). Détachement de la garde d'honneur de Pitt — Pitt jouant des marionnettes. George se dépite. Mort de Pitt; le diable l'emporte, etc. 30 pièces, la majeure partie *rares*. Sera divisé.

263 Fête donnée à Bonaparte au palais national du Directoire, après le traité de Campo-Formio, le 20 frimaire an VI; par Berthault, d'ap. Girardet.

264 Vente des déserts du Scioto. Le citoyen Mignard signale les Compagnies anglaises qui vendent des terres imaginaires dans les États-Unis. Brumaire an VI. Chez Dépeuille.

265 La Sentinelle, dans sa guérite, en faction; pièce contre un personnage dont nous ignorons le nom, et qui était sans doute rédacteur d'un journal ayant pour titre : *La Sentinelle*.

Lag. 10

Lag. 7
la 1re [illegible]

Lag. 5

206 Le Secret dévoilé. Le 10 floréal an VII. Le commandant des hussards de Seckler présente à l'archiduc Charles le cœur et la cervelle de Bonnier; par *Simon Petit.*

207 Plan du Panthéon pour lui ôter la forme d'une croix, et rendre l'espace intérieur propre à sa nouvelle destination; dessin signé *D. W.*

208 Grand théâtre des Arts, ou Temple d'Apollon, etc., par *Belanger*, architecte des monuments publics.

Consulat.

209 Journée du 18 brumaire an VIII; belle pièce par *Bartolozzi*, d'ap. F. Vieira Portuensis. *Très-rare.*

— La même en couleur. Le texte du bas manque.

— Par Duplessis-Bertaux. Épreuve d'eau-forte.

270 Costumes de la garde des consuls, de divers fonctionnaires, etc. 31 pièces coloriées et imprimées en couleur. *Pourra être divisé.*

271 Constitution de l'an VIII sur un char traîné par deux lions. Avant la lettre. A Bonaparte, pacificateur. 2 épr., dont une coloriée. Bonaparte donnant la paix à l'Europe. 2 épr., dont une avant la lettre. Serment du clergé entre les mains du 1er Consul, le 22 germinal an X. Triomphe du général Bonaparte. Avant la lettre. 7 pièces. *Pourra être divisé.*

272 Marchand d'habits. Pêcheur des filets de Saint-Cloud. 2 caricatures sur les députés, après le 18 brumaire.

273 Le Maréchal ferrant de la Vendée; par Copia, d'après Sablet. Épr. avant la lettre.

— Le même avec la lettre.

274 *A Clichy. Rendez-nous nos cloches*, sinon.... Croix et poignard croisés.

275 An VIII : anniversaire du 14 juillet ; programme de la fête, avec figure. An IX : Proclamation du traité de paix, avec triomphe du général Bonaparte ; ouverture du congrès de Lunéville, etc. 13 pièces. *Pourra être divisé.*

276 **Machine infernale**, rue Nicaise, 3 nivôse an IX. Un individu met le feu, au moyen d'une mèche, au tonneau placé sur une voiture. Gravé par *Bonnefoy*. Rare.

— Effet de l'explosion de la machine. 2 pièces différentes. Dans l'une, on voit, à gauche, le 1er Consul dans sa voiture, dont les chevaux sont lancés. *Rare.*

277 Deux personnages portant, l'un l'habit militaire, l'autre l'habit civil, donnent la chasse à un pourceau chargé de papiers sur lesquels on lit : *Carton des conspirations*, assassinats des patriotes, sommes reçues des *émigrés*, etc. A côté du pourceau, et fuyant avec lui, un conspirateur figurant le parti royaliste désolé. Belle pièce à l'eau-forte. — Les extrêmes se touchent : incroyable portant coiffure à oreilles-de-chien, luttant contre un vieux soldat. 2 pièces.

278 Fête du 14 juillet an IX, avec vue des trois théâtres construits dans le carré Marigny. — Vue de la salle de walse, construite au carré de la Laiterie. 2 pièces en couleur, curieuses pour les divertissements et les costumes.

279 Le cardinal Gonsalvi recevant du pape Pie VII la bulle de ratification du concordat signé le 15 juillet 1801, par Lefèvre Marchand, d'ap. Wicar.

280 Pie VII visite les institutions des aveugles-nés, des sourds-muets, etc. Avant et avec la lettre. 4 pièces.

281 Te Deum en actions de grâces de la paix et du rétablissement de la religion, à Notre-Dame, le jour de Pasques de l'an X. Sur le Traité de paix de l'an X. Les

[illegible]aj 10.
[illegible]

Laj. [illegible]

Laj. [illegible]

Bienfaits de la paix. Signature du Concordat. Liberté des cultes, etc. 14 pièces en l'honneur du général Bonaparte, avec son portrait. *Pourra être divisé.*

282 La Paix ramène l'Abondance. Jolie pièce en couleur.

283 Le Vœu universel. Vive Bonaparte et la Paix. Belle pièce en couleur. Rare.

284 Pistolets d'honneur au général Moreau, mousquetons d'honneur donnés par le 1er Consul.

285 Grande parade des troupes et défilé devant le 1er Consul, dans la cour des Tuileries. 2 pièces.

286 Colonne nationale, monument formant le centre du cirque du palais du gouvernement français; beau dessin par *Petit-Radel*, en brumaire an x.

287 En vendémiaire an xii, par un gros temps, un bateau de la flotille, poursuivi par les Anglais, était en danger de se perdre. Le chef de bataillon Salomon ceint le drapeau autour de lui pour ne pas l'abandonner. Belle pièce à l'eau-forte, par *Hennequin.*

Empire.

288 Sur le sacre de Napoléon Ier, le 11 frimaire an xiii (2 décembre 1804). Feu d'artifice à cette occasion. 15 pièces. *Pourra être divisé.*

289 Bataille d'Iéna (14 octobre 1806), par Levachez, d'ap. D. Bertaux. — Bataille d'Eylau (9 février 1807), par Allais, d'après Debret. 2 pièces.

290 Colonne de Rosbach, 18 octobre 1806. — Entrée à Berlin, 27 octobre. 2 pièces.

291 Caricatures sur les princes et rois étrangers. — Grand deuil et jaunisse d'Alexandre Ier, de Frédéric-Guillaume III. Première campagne du roi de *Pluche.* Triumvirat de fous. L'Héroïne de Berlin. La Reine de Prusse; le diable lui souffle à l'oreille : Prussiens, ce n'est pas assez de vaincre.... Songez que c'est du sang qu'il me faut, etc. 34 pièces. *Sera divisé.*

292 Retour des vainqueurs d'Austerlitz, d'Iéna, etc (pluie d'Amours, de roses et de couronnes).

293 Manifeste pour l'auguste maison austro-lorraine, sur la signature des préliminaires de paix. La couronne de l'Autriche, représentée par une femme, est à moitié brisée. — Emblème de la Liberté soutenue par les armes victorieuses. 2 pièces.

294 Clémence de Napoléon : il remet à la princesse d'Hatzfeld, pour les brûler, les lettres qui compromettaient son mari. 3 pièces sur ce sujet. — Napoléon accorde à Mme de Polignac la grâce de son mari.

295 Joachim-Napoléon, roi de Naples, félicite les défenseurs de la frégate *Cérès* (journée du 27 juin 1809) ; belle pièce à l'eau-forte, par *G. Descamps*. Rare.

296 Demande en mariage de l'archi-duchesse Marie-Louise, au nom de l'empereur Napoléon. Cérémonie du mariage dans l'église des Augustins, à Vienne. De la remise à Braunau. Arrivée à Compiègne, 27 mars 1810. Corbeille, etc. 11 pièces.

297 Cérémonie du mariage de Napoléon avec Marie-Louise, dans la chapelle du Louvre, à Paris, le 2 avril 1810. 2 épr., dont une coloriée. A Paris, chez Boulard.

— Même sujet ; par Lebeau, d'ap. Naudet.

— Par Augrand et autres, voiture de cérémonie, etc. 8 pièces.

298 A Napoléon et à Marie-Louise, le Sénat et la ville de Paris. Arcs de triomphe. 4 beaux *dessins*.

299 Prestation de serment des évêques, à Notre-Dame, le 17 juin 1811.

300 Sur la Naissance du roi de Rome, son Baptême, etc. 13 pièces, dont 2 dessins.

301 Napoléon, assis dans un fauteuil, prend une plume des mains d'un fonctionnaire. Quatre autres personnages sont à droite. Beau *dessin* à l'encre rouge.

302 Colonne de la grande armée, eau-forte de Duplessis-Bertaux, terminé par Courbe.

[illegible] 4
de la [illegible]
[illegible]

[illegible]	[illegible]
[illegible]	[illegible]
[illegible]	[illegible]
[illegible]	[illegible]
[illegible]	[illegible]
[illegible]	[illegible]
[illegible]	[illegible]
[illegible]	[illegible]
[illegible]	[illegible]
[illegible]	[illegible]
[illegible]	[illegible]
[illegible]	[illegible]

303 Les Délices du Marais. Intérieur du jardin Turc, belle pièce de mœurs. Nombreux personnages avec costumes de l'empire.

304 Les Prisonniers de guerre passant à Paris le 17 février 1814, secourus par les habitants ; capitulation de Paris (30 mars 1814). 2 pièces par *Alix*.

305 Bivouac des cosaques aux Champs-Élysées (31 mars 1814). par Jaz et d'apr. Saverwied.

306 Assemblée du champ de mai (1er juin 1815), 6 pièces différentes sur cet événement historique des plus importants de la fin de l'empire. — *Pourra être divisé.*

307 Batailles sous la République et sous l'Empire. 140 pièces, partie par Duplessis-Bertaux, en premières épreuves. *Sera divisé.*

308 Autres pièces sur l'Empire. Armoiries, costumes, événements militaires, cérémonies, triomphes, retour de l'île d'Elbe, chambre des Cent-Jours. etc. 150 pièces. *Sera divisé.*

309 **Caricatures anglaises.** Réunion très-curieuse. Environ 400 pièces à diviser.

TÊTES DE LETTRES.

310 **Beauharnais** (FRANÇOIS DE), ambassadeur à Madrid. Lettre du 4 avril 1808.

311 **Berthier** (ALEXANDRE). 15 vendémiaire an VI. Lettre. En tête, belle vignette avec colonne, sur laquelle sont relatées les Victoires de l'armée d'Italie. — Le Caire, 18 thermidor an VI. Ordre du général Bonaparte signé pour copie conforme par le général Berthier. La vignette de l'en-tête est fort curieuse. Un ange vient de briser les chaînes de l'esclavage, les insignes de la papauté sont livrés aux flammes, et du bâtiment sur lequel se trouvent ces insignes s'échappent une foule de démons.

312 **Bisson** (général), Pampelune, 3 mars 1809. — Gorizia, 3 décembre 1809. 2 lettres.

313 **Boisson-Quency**. Ode sur la paix, présentée le 1er germinal an IX, au consul Bonaparte, diverses autres poésies par le même (trois signatures).

314 **Bonaparte** (général en chef de l'armée d'Italie), Vérone, 5 frimaire an V. Demande de bouches à feu (signature). — En-tête de lettre, Bonaparte premier consul, belle vignette représentant la figure de la République, par *Roger*. Rare.

315 **Bonaparte** (JOSEPH). Florence, 13 nivôse an VI. Lettre avec quatre lignes de sa main à la fin, donnant son adresse, rue Chantereine, 6.

316 **Bonnard** (général). Lettre au ministre de la guerre du 29 nivôse an VI.

317 **Bouteville**, commissaire du gouvernement. Bruxelles, 9 germinal an IV, 24 vendémiaire an V, deux rapports au ministre des finances.

318 **Bouvet**, contre-amiral. Réquisition. 24 floréal an XIII.

319 **Canclaux** (général). Lettre du 10 brumaire an III, datée de Nantes.

320 **Carnot**. Comité de salut public. 12 pluviôse an III, demande d'un rapport. — Directoire exécutif. Lettre du 23 floréal an IV. — 3 fructidor an VIII, lettre comme ministre de la guerre au ministre des finances.

321 **Carteaux** (général). 21 frimaire an VIII, lettre au ministre de la guerre.

322 **Chabot** (de l'Allier), ex-tribun. Lettre du 10 février 1810.

323 **Chabot** (général). Corfou, 17 ventôse an VI. Lettre.

324 **Chambarlhac** (général). Mantoue, 28 fructidor an VI. Lettre au ministre de la guerre. — Du même jour, au général Suchet.

Arelaune ?

Louvel 6.55

Oreilly 5 Louvel

325 **Chaptal, Guyton-Morveau, Math. Montmorency**. Rapport de la société d'encouragement pour l'industrie nationale, avec la signature de ces trois personnages (31 octobre 1807).

326 **Commune affranchie**, ou **Lyon régénérée**. Passeport du 9 prairial an II, du 15 vendémiaire an III, Ordre d'arrestation signé *Charlier*, représentant du peuple.

Les pièces sur commune affranchie sont rares.

327 **Dallemagne** (général). Décret. Rome, 11 ventôse an VI, ordonnant de continuer de faire porter à la Monnaie l'argenterie superflue des églises.

328 **Davoust** (général). Spire, 26 fructidor an III. Lettre au général Ambert.

329 **Defrance** (général). Lettre du 10 juillet 1806.

330 **Dejean** (général). Utrecht, 22 frimaire an V. Lettre de la main du personnage au général Beurnonville.

331 **Dembowski**, chef de brigade, 25 frimaire an IX. Lettre de la main du personnage au général Baraguay-d'Hilliers.

332 **Directoire exécutif**. En tête, figure de la République, par *Roger*, d'ap. *Naigeon l'aîné*. Belle pièce rare.

333 **Dordelin**, contre amiral à bord du vaisseau l'*Invincible*, 6 janvier 1806. Attestation.

334 **Dubois-Dubais**, représentant du peuple. Alençon, 3 ventôse an III. Arrêté.

335 **Dufour** (général). Bourges, 22 fructidor an XIII.

336 **Dumas** (Mathieu), général. 16 floréal an XII. Lettre au général Dejean.

337 **Eblé** (général). Utrecht, 13 germinal et 11 floréal an III. Deux lettres avec deux jolies vignettes différentes.

338 **Ernouf** (général). Lettre au général Kléber. Warem. 13 fructidor an II.

339 **Fouché,** ministre de la police. Lettre du 17 fructidor an x. En tête, vignette d'ap. *Prud'hon*, sur bois. Rare.

— 14 vendémiaire an xiii, lettre au général Marmont. En tête, vignette d'après *Prud'hon*, par Roger. Rare.

— Certificat d'amnistie. En tête, la même vignette, gravée sur bois.

— 12 floréal an xiii. Lettre au général Marmont. En tête, vignette d'ap. *Prud'hon*, gravée par Roger, dimension moindre que la précédente. Rare.

— 1er décembre 1806, lettre signée Mailloebeau, chargé par le ministre de la police. En tête, vignette d'apr. *Prud'hon*, gravée par Roger, très-petite dimension. Très-rare.

340 **François de Neufchâteau.** Seltz, 17 prairial an vi. Lettre de la main du personnage.

341 **Freeine,** représentant du peuple. Cologne, 27 brumaire an iii. Arrêté.

342 **Gawronski,** chef d'état-major de la légion polonaise. 11 germinal an viii. Belle lettre au général Fririon.

343 **Gouvion Saint-Cyr** (général). Tarente, 16 germinal an xii. Lettre.

344 **Grouchy** (Emmanuel), général. Utrecht, 13 messidor an iv. Lettre au général Kléber.

345 **Guieu,** général, 3 fructidor an xii. lettre. En tête, figure la Liberté. Très-jolie vignette.

346 **Jardon,** général. Gaiss, 14 nivôse an viii. Lettre au général Lecourbe.

347 **Jourdan,** général, an ii et an iii, cinq lettres au général Kléber.

— 26 brumaire an ix, lettre au citoyen Kesner

348 **Junot,** général. 3 ventôse an ix, lettre au ministre de la guerre.

[illegible] 18 [illegible] 11

Mardi 6

Mardi 4

Mardi 4

[illegible] 2

[illegible] 2

[illegible] 3 [illegible] 3

— Arras, 8 germinal an XII, lettre à M. Bréguet, auquel il envoie une montre à réparer.

349 **Kellermann**, général, sénateur. 29 nivôse an X, lettre.

350 **Kniaziewicz**, général, chef de la légion polonaise, 3 frimaire an VIII, ordre.

— Nous y joignons une lettre datée de Naples du 14 pluviôse an VII, écrite par un aide-de-camp. Elle mentionne que ce général polonais s'est couvert de gloire à la tête de la légion, et qu'il est chargé de présenter au Directoire des drapeaux pris sur l'armée napolitaine.

351 **Lacrosse**, contre-amiral. Ordre à un chef d'administration, 8 août 1811.

352 **Lassalle** (CHARLES), chef de brigade commandant le 10e housards. 20 thermidor an IX, lettre au général Leclerc.

353 **Lasteyrie** (C.-P.), président de la société d'agriculture. Lettre du 28 nivôse an II. En tête, jolie vignette représentant Cérès assise. Elle nous paraît gravée d'après un dessin de *Prud'hon*, par Cloquet. Jolie et rare.

354 **Latouche-Tréville**, vice-amiral à bord du vaisseau le *Duguay-Trouin*, en rade du Cap. 28 messidor an II, lettre.

355 **Lefebvre**, général. Lettre au général Kléber, 20 thermidor an III.

356 **Legrand**, général Lorient, 21 fructidor an VI, lettre, avec très-belle vignette en tête.

357 **Mainoni**, général. Lettre du 12 messidor an VIII.

-- 18 ventôse an VIII, lettre au général Dessole.

358 **Masséna**, général. Milan, 26 thermidor an VIII, arrêté.

359 **Menou**, général. Au Caire, le 12 thermidor an VIII, lettre. Au bas, signature du général *Songis*, commandant l'artillerie.

360 **Merlin**. Directoire exécutif. Lettre du 6 thermidor an VI.
— Expédition d'une loi du 4 brumaire an V.

361 **Moncey**, général. Milan, an IX, 2 lettres.

362 **Monnier**, général. Bologne, 10 messidor an VIII, lettre.

363 **Montcholsy**, général Gênes, 25 fructidor an XIII, lettre au ministre de la guerre.

364 **Moreau**, général. Strasbourg, 18 thermidor an V, lettre au ministre de la guerre.

365 **Morgan**, général. Lettre.

366 **Moulin**, général. Rennes, 9 fructidor an II, lettre.
— Lettre au ministre de la guerre du 10 fructidor an V.
— Autre lettre, Paris, 29 ventôse an VI.

367 **Moynat-Dauxon**, général. de Plotzheim, 1er frimaire an III, lettre.

368 **Murat** (Joachim). Deux lettres des 17 et 30 germinal an IX.

369 **Pommereul**, général. Tours, 11 vendémiaire an XIII. lettre relative à l'inauguration du buste de l'empereur. Pour en tête, jolie figure de la Liberté, par *Baquoy*.

370 **Préfecture de la Seine.** Lettre signée du secrétaire-général. En tête, charmante vignette d'apr. *Prudhon*, par Roger. Rare.

371 **Regnier**, grand juge et ministre de la justice. Deux lettres.

372 **Saint-Hilaire**. général. De Marseille, 8 messidor an VIII, lettre.
—Rouen, 3 vendémiaire an II, lettre relative à des incendies dans le département de l'Eure.

373 **Seine-Inférieure**. Lettre. Très-jolie vignette d'ap. *Prud'hon*, par Roger. Rare.
— Autre lettre. Même vignette gravée sur bois. Rare.

374 **Serrurier**, général. Venise, le 4 nivôse an VI, lettre.

[illegible]

[illegible] 5 [illegible] 7,50

[illegible] 4 [illegible] 5

H.P. 4.

Crilly 5.

375 **Sommariva**, ancien directeur de la République italienne, célèbre amateur des beaux-arts. Lettre de Milan du 20 floréal an IX.

376 **Suchet**, général. Milan, 26 prairial an VI, lettre

377 **Talleyrand** (CHARLES-MAURICE), ministre des relations extérieures. Paris, 5 vendémiaire an VII, et 4 fructidor an IX, 2 lettres.

378 **Tirlemont** (arrondissement de). 22 floréal an IV. Nous décrivons cette pièce, principalement pour la figure de l'en tête Un œil au milieu d'un rond formé par un serpent ; le bonnet rouge à gauche, le niveau à droite.

379 **Victor Perrin**, général, depuis duc de Bellune Lettre du 7 germinal an VII, signée Victor. Vignette curieuse.

380 **Villaret-Joyeuse**, amiral. 14 ventôse an XI, lettre de trois pages que nous croyons entièrement de la main du personnage.

381 **Villeneuve**, contre-amiral. Tarente, 8 thermidor an IX, lettre.

382 **Willot**, général. Marseille, 8 prairial an V, longue lettre au ministre de la guerre, dans laquelle il fait le tableau de la situation des esprits à Marseille.

383 **Wirion**, général. Lettre au général Ernouf, Bruxelles, 21 prairial an VI.

384 **Lettres**, arrêtés et pièces diverses avec signatures des généraux Abancourt, Belliard, Beurnonville, Depaux, Desenfans, Dugua, Dumoulin, Dupont, Eberlé, Hardy, Houdetot, Huet, Kerversau, Laprun, Laubadère, Lespinasse, Liébert, Malher, Marescot, Massol, Mauco, Merlin l'aîné, Mermet, Meunier, Michel, Mignotte, Monard, Maller, Pajol, Paulian, Reubell, Rey, Schwarz, Thuring, Turreau et autres personnages. Vignettes en tête par Appiani, Cardon, Naigeon, Petit, Queverdo, Tardieu, etc. Plus de 2,000 pièces à diviser.

BONAPARTE

COMME GÉNÉRAL.

Portraits.

385 La liberté de l'Italie, dédiée aux hommes libres. Le général Bonaparte entoure de ses bras la Liberté et un homme du peuple qui tient ses fers d'une main, par Monsaldy, d'après *Hennequin.* Rare.

386 La Joie du peuple français. Traité du 25 germinal an V. Dans le haut, portrait du général Bonaparte, et à gauche, figure de l'Abondance, d'après *Debucourt*, par Legrand. Très-rare.

387 — Par J. Longhi, 1798, d'après Legros.

388 Paix glorieuse, an VI. Le général Bonaparte debout, couronné par deux figures allégoriques, composition en forme d'éventail. A Paris, chez *Bonneville.* Très-rare.

Bonaparte ramenant la paix en France.

BONAPARTE A CHEVAL.

389 — Par Tassaert, an VI, d'apr. Hennequin.
— Par Darcis, d'apr. C. Vernet. Rare.
— Par Schenker, d'apr. le même.
— Par Copia, aquâ forti.
— Par Dizambourg, d'apr. Jarrin.
— Par Davignon, d'apr. Gaudu.
— Par un anonyme. Colorié.

390 Sur une feuille, forme d'éventail, par Godefroy, d'ap. Chaudet, Fontaine et Percier. Deux épreuves, dont une non terminée.

391 Médaillon tenu par la figure de la Paix, par Massard, d'apr. Point.
— Par Berthet, avec Annibal, Alexandre, etc.
— Par Godefroy, d'ap. Chaudet. — d'ap. Zanerio.

Leg. 8

Leg. 9.
[illegible]
[illegible]
[illegible]

392 — Par Tapinois, d'ap. J. Guérin. Joli petit portrait. Chez l'auteur, an II. Rare.

393 — Par Bonneville, en noir et en couleur, 2.

— Par Ruotte, d'ap Derais.

— Vu de trois quarts, dirigé à droite, par Bonneville.

— Avec entourage, manière des calligraphes, chez Chataignier.

— Médaillon tenu par la Renommée.

— Dans un petit médaillon rond, par Bonneville. Rare.

394 — Sur une feuille forme d'éventail. Il est couronné par la Victoire et la Renommée. Au bas : *Vencer u morir*, D'une grande rareté.

395 — Par J.-B.-L. Massard, d'ap. Point. Joli petit portrait, Rare.

— Le même, avec la lettre.

396 — Par Schiavonetti. d'ap. F. Cossia.

— Par *Mermand*. Très-rare.

— Par Davignon. Manière des calligraphes.

— Par Lasinio.

397 — Par C. Josi. — Par Fiesinger, d'ap. Guérin. — Par Rugendas. Herhan, d'ap. Guerin. — Au dessus d'un aigle portant la foudre, par Dizambourg, d'ap. Jarrin.

398 — Coiffé d'un chapeau, dirigé à gauche. Au bas, la figure de la République ayant Hercule à sa droite.

— Par Carle B., l'an V, d'après Ciprian.

— Par Tassaert, d'après G. Alessi.

— Au-dessus d'une Renommée. Chez Villeneuve.

399 — Par P.-M. Alix, 1802, en couleur. Avant la lettre.

400 — Par Bartolozzi, d'ap, Appiani. Très-beau portrait.

401 Par *Alix*, d'ap. *Appiani*, an VI, 1798. Beau portrait en couleur.

BONAPARTE EN PIED.

402 Par Coqueret, an IX, d'ap. Hilaire Ledru, in-fol. — Par Lefèvre, d'ap. le même, in-4°. — Chez Chereau, colorié, in-fol., en couleur, 4 pièces.

403 Il plante un drapeau sur le pont d'Arcole, par Ruotte, d'ap. Dutaillis. — Dans un entourage de branches de laurier ; au bas : Buonaparte, vainqueur et pacificateur.

404 Général en chef de l'armée d'Italie, par Benoit, d'ap. Texier le jeune.

— Présentant une lettre à l'archiduc Charles, par Benoist jeune, d'ap. Queverdo, en couleur. — Le même en noir avant la lettre.

405 Haranguant les troupes, journée du 19 brumaire à Saint-Cloud (manière de *Debucourt*).

406 La France avant le 18 brumaire éplorée, désespérée; elle est remise par Bonaparte entre les mains de la Paix.

407 Triomphe du général Bonaparte, gravé par Roger, d'ap. *Prud'hon*. Jolie petite pièce.

408 Par des anonymes. 13 portraits.

PREMIER CONSUL.

409 Par Moret, d'ap. Appiani. Beau portrait en couleur. Rare.

A CHEVAL.

410 Par Tassaert, d'ap. Appiani, in-fol. — Par le même, in-4°.

— Par Gentot, d'ap. Melini (19 brumaire an VIII).

— Par Chataignier en noir et en couleur. 2 épr.

— Par Simon, d'ap. C. Vernet, 2 épr. dont une non terminée.

— Par Lebeau, d'ap. Nodet et autres. 6.

EN PIED.

411 — A Paris chez Bance.

— En grand costume, par Chataignier, 2.

— Remettant son épée dans le fourreau après la paix générale, par Chataignier.

412 Double figure, coiffée du chapeau et du turban. Rare.

Laj. 9

text séparé

Curdu 16.50

Hardrin S. 3[illegible]

Dob. 7 O'Reilly S
O'Reilly S

413 La paix entre l'Autriche et la France, 20 pluviôse an IX.

— Par L. Jehotte à Liége, 1804.

— Avec Lebrun et Cambacérès, d'ap. Debarges.

414 Par Choffard, l'an IX. Charmant petit portrait. Rare.

415 Par Levachez, d'ap. Boilly; au bas : Revue du quintidi an X. Belle pièce en couleur. Rare.

416 Paix générale, an X. Les peuples dansent autour d'un piédestal sur lequel est placé le général Bonaparte, par *Lecœur*. Pièce en couleur. *Rare*.

417 Par Louvion. — Avec trophées, rare, par Moreau, d'ap. David, colorié. — Par Perdrieau. — Par Levachez, avec bataille de Marengo, par Duplessis-Bertaux. — Par Audouin, d'ap. Bouillon. — A Bonaparte, pacificateur, an X. 8 pièces.

418 Avec Lebrun et Cambacérès, par Châtaignier, colorié. — Avec les mêmes, par Villeneuve, l'an IX.

419 Par J. Orgiazzi, en couleur. Rare.

420 Par Villeneuve, Bouclier national. — Par Levachez fils, de trois quarts, tourné à droite. — Par Châtaignier; au bas : bataille de Marengo. — Par Alix, joli petit portrait, vu de trois quarts tourné à droite. Rare.

421 Par J.-B.-L. Massard, d'ap. J.-B.-F. Massard. — Coiffé d'un chapeau, en couleur. — En bistre, au bas : *Vir*.

422 Par Levachez en 1801, charmant petit portrait en couleur.

423 Sous le costume corse, par Benoît, d'ap. Vigny, en noir et colorié. 2 épr. rares.

424 Chez Depeuille, en noir et colorié. 2 épr.

— Coiffé d'un chapeau, dans la tablette au-dessou du nom : *Philosophe profond*, etc., joli petit portrait.

— A Paris chez Dannecun.

425 Par *Momal*, d'ap Isabey, de profil à gauche. Rare.

426 Par divers et anonymes. 19 portraits.

NAPOLÉON Ier, EMPEREUR.

427 Par J.-B.-H. Bourgois, an X.

— Par J. Chailly. 2 épr., l'une en noir, l'autre coloriée.

— Par Benoist, en couleur.

428 Par Morret, d'ap. Garnerey, 1805, en couleur.

NAPOLÉON A CHEVAL.

429 Par Levachez, d'ap. C. Vernet.

— Par Jazet. – Avant la lettre, manière de Jazet; on voit par terre un fusil avec baïonnette, d'ap. David. 4 pièces.

430 Avec Joséphine, impératrice, par Villeneuve, 1806. — Par Gautier l'aîné. — Figure allégorique (l'Immortalité) tenant les médaillons de Napoléon et de Joséphine. 3 pièces.

431 En pied, par Tassaert, 1806, d'ap. Damame. Épr. avant la lettre.

— Le même avec la lettre.

432 En pied, par *Debucourt*, 1807, en couleur. Rare.

433 En pied, par Simon, 1807, colorié. — Coiffé d'un chapeau avec plumes et couvert d'un manteau. — Par Prot, d'ap. Chasselat, en couleur. — Par R. Z., colorié. — Par Duplessis-Bertaux, vu de face et de dos. Par Levachez, d'ap. C. Vernet. 7 pièces.

434 Dessiné à Varsovie, 1807, gravé par Simon. — Par Cholet, d'ap. Châtaignier, en couleur. – Par Lehman. — Napoleon der Erste Kaiser der Franzosen, en couleur. — Par Benoist, d'ap. Vigneux. — Par Alex. Tardieu, d'ap. Muneret, avant et avec la lettre. 7 pièces.

435 Le Banquet des Souverains à Tilsitt, le 6 juillet 1807. La reine de Prusse était présente à ce banquet, par Desmarès, d'ap. Suebak.

436 Napoléon dans son bivouac préparant la victoire d'Austerlitz. Il reçoit la visite de François II, le 14 frimaire an XIV. Son entrevue sur le Niémen avec l'empereur Alexandre, 9 juillet 1807. Leurs adieux. 6 pièces.

437 Par *Galard*, 1809, joli petit portrait. Rare.

438 En costume du couronnement, par Pauquet, d'ap. Isabey. — Chez Canu, colorié. — Assis avec couronne de laurier. — Par Toschi, d'ap. la statue de Roland. — Par Bourgeois de la Richardière, d'ap. Dumont, en couleur. 5 pièces.

439 Assis sur le trône, tenant le sceptre et la main de justice, par *Alix*, d'ap. Garnerey. Grande et belle pièce.

440 Avec Marie-Louise, par *C. Guérin*, 1810. — Par *Gio Bigatti*. — Par Benoist, en couleur. — De profil à droite, chez Jean. — Couronne au-dessus des médaillons (anonyme). 5 pièces.

441 Avec Marie-Louise. L'Union mémorable. — Unis par le génie de la paix. — Avec Marie-Louise et le roi de Rome, par Renard, d'ap. Blaizot. — Par Rochard. — Sans noms d'artistes. — Le Bouquet français. — L'Aigle seul a le droit de fixer le soleil. 7 pièces.

442 Par Audouin, d'ap. Châtillon; au bas : bataille d'Austerlitz, par Duplessis-Bertaux. — Par Linges, terminé par Cooper, d'ap. Isabey, dessiné à la Malmaison, en pied. — Fac-simile d'un dessin de Girodet, fait d'ap. nature, le 8 mars 1812, gravé par Maile. 3 pièces.

443 En regard d'un baromètre au beau fixe. — A la tempête. — Celui-ci annonce les tempêtes, Napoléon les apaise.

— Avec entourage formé de lignes contenant sa biographie, dessin à la plume

— En haut d'un arbre généalogique surmonté de l'aigle.

— Au milieu d'un carré; aux angles l'aigle, le coq, le lion et le hibou. 6 pièces.

444 Par Ruotte, d'ap. R. Lefèvre, en couleur. — Par Cazenave, d'ap. Naudet.

— La tête seule environnée de rayons, entourage d'étoiles et de branches de laurier, par Alex. Tardieu. Le surplus de la composition par Aubert, d'ap. Dubos.

445 Par *J. Bouillard*, beau portrait.

446 Dans un entourage formé de branches de chêne, avec l'impératrice, Madame mère, les reines de Naples, de Hollande, etc.

— Autre avec le vice-roi et la vice-reine d'Italie, etc. (texte italien).

— Autre sans entourage, avec Jérôme Napoléon, Alex. Berthier, Duroc, Bessières, Rustan au milieu du bas, etc.

447 Par *Alix*, d'ap. P. Lelu, au bas : paix fidèle ou guerre terrible. — Par Fontana, d'ap. Canova. — Avec couronne d'étoiles. — Par Roger, d'ap. Aug. Desnoyers. — Par Godefroy. — Par J.-B.-L. Massard, d'ap. Point. — Au bas Nicolaus Buonaparte, etc. (anonyme). 7 pièces.

448 Hommage à l'empereur, trophées et figures allégoriques, médaillons dans le haut. an XII; la figure par *Saint-Aubin*, la composition par *Monnet*. Jolie pièce gravée par Helman.

449 Par Levachez fils, joli portrait en couleur. — Le même en noir, le nom de l'artiste est enlevé — Autre par Levachez, aigle au-dessous du médaillon.

450 Dans un médaillon rond avec entourage, contenant la nomenclature des victoires de l'empereur. Au-dessus du portrait on lit : Au vainqueur d'Austerlitz, par Roy. Rare.

451 Par Bernard, célèbre calligraphe, un beau dessin.

452 Médaillon tenu par Diogène. — Par Augrand, d'ap. Muneret, avant et avec la lettre. — Le même en couleur. — Par Roger, d'ap. Muneret, avant et avec la lettre. — Par Mayer, d'ap. Lampe, en couleur. 7 pièces.

Tab. [illegible]

453 Par Dien avec entourage de branches de laurier, colorié et en bistre. — Par L. F., d'ap. Huot. — Par Rosmaler. — Par Dien, avant et avec la lettre. — Par Augrand, d'ap. Lafitte. — Médaillon rond (anonyme). — Deux petits portraits en pied, en couleur. Buste de trois quarts dirigé à gauche, en couleur. — Par Roger, d'ap. Guérin, en couleur. — Goulu *sc.*, colorié. — Par Lebeau, d'ap. Naudet. — Par Bertrand, d'ap. Buguei, en couleur. — D'ap. le tableau peint par David. — Médaillon rond (anonyme). — Par Fleisshmann. — Par Vérité. — Par Tassaert, d'ap. le buste de Houdon. — Par Mecou. — Par Rousseau, d'ap. Rosemberg. — Par Blanchard. — Par Ém. W. 24 pièces.

454 Dessiné à l'île d'Elbe, par *Hubert*, gravé par Henry. Rare. — Méditation dans l'île d'Elbe, par Benoist jeune. Rare. — Le Voilà, portrait fait au retour de l'île d'Elbe. 3 pièces.

455 Dans un médaillon ovale, de profil dirigé à gauche. Au-dessous : Napoléon, 1816, H. B. C. M. B. A rebours : 1816. Portrait bien exécuté. Très-rare.

456 L'Homme de Sainte-Hélène, d'ap. le général Gourgaud, lith. coloriée.

457 The exile. A sketch from life at Longwood, april 1820. *Dessin* représentant Napoléon à Sainte-Hélène.

458 Les époques : Expédition d'Égypte, Passage du mont Saint-Bernard, Paix de Tilsitt, Fontainebleau, 1814, Sainte-Hélène, etc. 3 pièces. Chez Charon. — Dubreuil. — Martin.

459 Buste de Napoléon au milieu d'attributs. Dessin par *Paul Grégoire*. Le Temps, en face du buste de Napoléon, s'est agenouillé ; il a renversé son sablier et brisé sa faulx. *Dessin* à la plume, lavé de bistre. 2 pièces.

460 Napoléon sur la colonne, avec entourage de sujets historiques et emblématiques. Beau dessin lavé de bistre, rehaussé de blanc. Unique.

461 Par divers et anonymes. — En buste, avec costume du couronnement. — En pied. — A cheval, etc. 168 pièces à diviser.

JOSÉPHINE, IMPÉRATRICE

PREMIÈRE FEMME DE NAPOLÉON Ier.

462 Rose-Joséphine Bonaparte, née de la Pagerie, de profil dirigée à droite. Manière noire. Chez Haid. Très-rare.

463 Avec les femmes de Jérôme, Joseph, Lucien Napoléon et Amélie de Bavière, vice-reine d'Italie, chez Basset. — Autres par divers. 5 pièces.

464 Assise à droite ; à gauche et debout devant elle, Jérôme Bonaparte, colonel de dragons. Rare.

465 A cheval, costume du couronnement, chez Basset. — Autre chez le même, coloriée. — Chez Bonvalet. 3 pièces.

466 En costume du couronnement, en pied, chez Basset, — Par Schenck, d'ap. Isabey. — Chez Basset, coloriée. — Chez Canu, coloriée. — Par Pauquet, d'ap. Isabey, coloriée.

467 Par Blanchard et Hopwood, d'ap. *Prudhon*. 2 pièces.

468 Joli petit médaillon ovale, chez Potrelle. — A Paris, chez Jean. — Impératrice des F. et reine d'Italie (anonyme). 3 pièces.

469 Par Levachez fils, en couleur.

470 Dessiné par Henry Buguet, en couleur et en noir. 2 pièces.

471 Joséphine, impératrice, par Godefroy, d'ap. Aug. Desnoyers. — Par Douas, terminé par Duthé. — Par Augrand. — Par Bourgeois la Richardière, d'ap Swebach. 4 pièces.

MARIE-LOUISE, IMPÉRATRICE

DEUXIÈME FEMME DE NAPOLÉON Ier.

472 Par Weis, 1808, d'ap. Guérard. — Par Mayer, d'ap. Lampe, en couleur. — Par Millier, d'ap. Freilhon. — Par Jugel. 4 pièces.

473 Debout dans un intérieur avec ameublement. Joli *dessin*. Unique.

474 Dessiné d'ap. nature à l'Opéra, gravé par Prault. — Par Lebeau, d'ap. Naudet. — Par Benoist, d'ap. Vigneux. — Par Philipeaux fils. — Par Ruotte, d'ap. le buste de Bosio. — J.-E. Haid excudit. 6 pièces.

475 Par Audouin, d'ap. le buste de Bosio. — Par Coqueret, d'ap. Jos. Le Roy. — Par Gudin, dirigé par Desnoyers. — Par Ribault, d'ap. le buste, sculpté d'ap. nature à Compiègne, par Bosio. 4 pièces.

476 Publié par Bance, le 1er avril 1810. — Par Tassaert, d'ap. Rosemberg. — D'ap. David. — Par Bertrand. — Par Prot, en noir et en couleur. 6 pièces.

477 En buste près d'une fenêtre. Joli dessin à la plume, lavé de bistre.

478 Médaillon rond porté par un aigle. Joli petit portrait en couleur, chez Janet. — Joli petit médaillon rond sans nom d'artiste; le portrait est vu de face. 2 pièces.

479 A l'eau-forte, par Aug. Desnoyers, d'ap. Guérard. — Par Neidl, d'ap. Hechele. 2 pièces.

480 Par Rahl, d'ap. Krafft. — Par L.-M. Petit. — Par Legrand. — Par Mansfeld, d'ap. Monsorno. — Par Canu, en couleur. — Par Louis, colorié. 6 pièces.

481 Par Hellrigel, en noir et coloriée. — Par Armano, l'ornement dessiné par Porporati. — Par Jazet. — Par Benoist, en couleur. 5 pièces.

482 Par Bock, joli portrait avant la lettre. — Le même avec la lettre. 2 pièces.

483 A cheval, avant toute lettre.

— Comme duchesse de Parme, en buste; chez Gramain.

MARIE-LOUISE EN PIED.

484 Par Fortier, d'ap. Desrais. — Chez la veuve Chereau. — Chez Jean. — Dessiné à Saint-Cloud, le 1er avril 1810 et gravé par A. Godefroy. — Couronnant le buste de Napoléon, chez Jean. — Par J.-P. Simon. — Par Goulu, d'ap. Wolf, coloriée. — Tenant le médaillon de Napoléon. — Tenant une lettre à la main, chez Martinet. — Gravé par Queverdo, terminé par Niquet, d'ap. Van Welk. 10 pièces.

485 Par Monsaldy, d'ap. Isabey, en couleur. — La plus belle des roses, chez Testard. — Joli petit portrait vu de face, tourné vers la droite (anonyme). — Avec les reines d'Espagne, de Hollande, etc. — L'Heureux pressentiment, par Moret, d'ap. Vexberg. 5 pièces.

486 Par divers et anonymes. 21 pièces.

FAMILLE DE NAPOLÉON.

487 **Napoléon-François-Charles-Joseph**, prince impérial, roi de Rome.

— Par Goulu, d'ap. une esquisse faite d'ap. nature.

— Chez Potrelle. Joli petit portrait.

— Médaillon rond appuyé sur des trophées; sur le piédestal, la louve nourrissant Romulus et Rémus. Chez Boulard, en couleur.

— Avec la date de 1813. — En pied, un bouquet à la main.

— En pied dans le jardin des Tuileries; au bas on lit : Je défendrai mon père et la France, chez Delaunay. Joli portrait. Rare.

— D'ap. Isabey, mars 1815, par Rosaspina.

[illegible]· 8

— Par Schiavoni, à Vienne, 1821.

— Par divers et anonymes. 19 pièces.

488 Son Altesse Impériale, Madame, mère de l'empereur, en pied, coloriée.

489 Le prince **Lucien Bonaparte**, par Schule, 1815. Rare. — Par divers, 3. — 4 pièces.

490 **Joseph Napoléon**, grand électeur de l'empire, roi de Naples, puis d'Espagne.

— Joseph Bonaparte, ministre des finances, en couleur. Rare.

— Par Noël, d'ap. Aug. Desnoyers.

— Par Payen, d'ap. Swebach.

— Par Ruotte, d'ap. R. Lefèvre, en couleur.

— Avec Marie-Julie, sa femme. 5 pièces.

— Par divers, 7 pièces.

491 Le prince **Jérôme Napoléon**, par Schule, 1807. Rare. — Gravé d'ap. une miniature, terminé par Duthé. — Par Benoît, d'ap. Swebach. — Par Ruotte, d'ap. Kinson, en noir et en couleur. — Avec Sophie-Dorothée de Wurtemberg, sa femme. 6 pièces.

— Par divers et anonymes, 4 pièces.

492 **Louis-Napoléon**, connétable de l'empire, par Douns, d'ap. Desbordes. — Par Simon, d'ap. Desnoyers.

— Roi de Hollande, par Chaponnier, d'ap. Swebach.

— Par Ruotte, d'ap. Cartelier, en couleur.

— Avec la reine Hortense. 5 pièces.

— Par divers. 11 pièces.

— La reine Hortense, par Laugier, d'ap. Girodet.

493 Le prince **Eugène Beauharnais**. — Par P. Caronni. Milan, 1810. — Auguste-Amélie, sa femme, par le même.

— La même (anonyme).

— Eugène Beauharnais, en pied, chez Bourguin.

— Joli petit médaillon ovale, anonyme. — Par Noël, d'ap. Desnoyers.—Par Desmoulins, 1815.—Par Ray, chez Canu. — Avec cordon et manteau, anonyme. — Par Ruotte, d'ap. Chenard, en noir et en couleur. 11 pièces.

— Par divers, 13 pièces.

494 **Murat** (Joachim). — Par Simon, d'ap. Isabey. - Par Rosmasler. Rare. — Chez Potrelle. — De profil à gauche, armoirie en bas, avant toute lettre, joli petit portrait. — Par Landelle, d'ap. Swebach. — Avec le duc d'Istrie, Blücher, etc. — Par Ruotte, d'ap. Gros, en couleur. — Avec Marie-Caroline, sa femme, par Choubard, d'ap. Lafond. 8 pièces.

— Par divers, 14 pièces.

495 Le général **Leclerc**, par Levachez. Joli petit portrait. — Par Bonneville. — Anonyme. — A cheval, colorié. 4 pièces.

496 **Napoléon-Élisa**, princesse de Piombino, née le 3 juin 1806, par Andrea Tofanelli, d'ap. Stefano Tofanelli. Joli portrait.

OFFICIERS ET GÉNÉRAUX

SOUS LA RÉPUBLIQUE ET SOUS L'EMPIRE.

497 **Almeras**, par Dutertre. — **Andreossy**, par Cardon, d'ap. Guérin, in-8° et in-4°. — Anonyme, in-8°. — **Aubert-Dubayet**, par Bonneville. — Par Gautier, d'ap. Boily, en pied, in-4°. — Par Alix, d'ap Boily, in-fol. — **Augereau**, anonyme. — Par Levachez avec scènes de Duplessis-Bertaux. — Par femme Lefèvre, d'ap. Ledru. — Par Ruotte, d'ap. Aubry, en pied, in-fol — Par divers. 7.

498 **Bachelu**, par Dutertre. — **Baraguey-d'Hilliers**, par Dutertre. — A cheval, colorié. — **Harbanègre**, par Charon, d'ap Martinet, en pied, in-fol. — Par Forestier.

Loj 8

499 **Barruel-Beauvert** (le comte de), au physion. Quenedey, en couleur, 1790. Joli portrait. Rare. — Ce personnage est resté près de Louis XVI à la journée du 20 juin 1792. Il a fait des pamphlets contre le gouvernement consulaire.

500 **Barthélemy**, **Baudinot**, **Baudot**, de l'expédition d'Égypte, par Dutertre. — **Beaumont**, général, par Forget. — **Beaupuy**, **Beauvais**, par Forestier. — Général **Becker**. — **Belliard**, par Dutertre et anonyme.

501 **Bernadotte**, par Alix, d'ap. Ledru, en pied, in-f. — Par Levachez, avec scène de Duplessis-Bertaux. — Par Lefèvre, d'ap. Ledru, en pied, in-4. — Par Levachez, d'ap. C. Vernet. — Par Endner, à Leipsick. Rare. — Avec Davoust, Lefèvre et Berthier. — Anonyme. — A cheval, coloriés, 2. — Par Dickinson, d'ap. Gérard. — Anonyme, en couleur. Les deux derniers avec le titre de prince royal de Suède.

502 **Berthier** (Alexandre), par Coqueret, d'après Mlle Boze, en pied, in-fol. — Par Bonneville. — Par Levachez, avec scène de Duplessis-Bertaux. — Anonyme. — Par Bock. — Par Schmidt, 1798. — Par Payen, d'ap. Mlle Boze, en pied, in-4. — Par Jaliannau, d'ap. Mlle de Noireterre. — Par Lignon, d'ap. Vigneron. — Anonyme, avant et avec la lettre. — 2 autres en pied.

503 **Berton** (Général), commandant en chef des insurgés de Thouars et de Saumur. — **Bertrand** (général), par Dutertre, Vivien, Narjeot, anonyme, Porreau. — Par Charon, d'ap. Dusaulchoy, en pied, in-fol. — **Bessière** (général), par Forestier, Lebel, Bautron, etc. — **Beurnonville** (général), par Coqueret, d'ap. Ledru, in-fol. en pied. — Par Gautier, d'ap. Ledru, en pied, in 4. — Par Levachez, avec scène de Duplessis-Bertaux. — Anonyme, etc.

504 **Blanc.** De l'expédition d'Égypte, deux personnages différents, par Dutertre. — **Blaniac.** par Dutertre. — **Bourcier**, général, par Forget. — **Boussart**, colonel du 20e dragons, par Dutertre. — **Boyer**, par Dutertre. — **Brune**, général, à cheval, par Tassaert, an VII, d'apr. Harriet, in-fol. — Par Levachez, avec scène de Duplessis-Bertaux, 2 différents. — Par Guibert, anonyme, etc. — Général *Auguste* **Caffarelli**, par Bordiga, d'ap. Fumagalli.

505 **Cambronne**, général, par Charon, d'ap. Aubry, en pied, in-fol. — Anonymes, 2. — Par Bosselman, d'ap. Mulnier, avant la lettre. — Général **Canclaux**, par Bonneville. — Général **Caulaincourt**, par Tassaert. — Général **Chanet**, par Dutertre. — **Chamborand**, colonel de hussards, à cheval, d'ap. C. Vernet. — Général **Claparède**, par Forget. — **Clément** de l'expédition d'Égypte, par Dutertre. — Général **Clarke**, duc de Feltre. — Général **Colaud**, par Mauperin. — Le général **Compans**, par Velyn, d'ap. Mlle de Noireterre.

506 **D'Albignac**, général, par Laguiche. — Général **Damas**, par Dutertre. — Général **Dampierre**, anonyme. — **Darmagnac**, par Dutertre. — **Davoust**, 4. — **Dedon**, général d'artillerie, au physion. Quenedey. Rare. — François-Aimé **Dejean**, comte de l'Empire. — 2 anonymes. — **Dejean** fils, général, par Forestier. — Général **Delaborde**, d'ap. Mlle de Noireterre. — Général **Delmas**, par Forestier.

507 **Dermetz**, général, avant la lettre. — **Desfourneaux**, général, par Forestier. — Le colonel **Despinay**. — Général **Dessole**. — Général **Despinoi**, par Lasinio. — Généraux **Destaings**, **Détrés**, par Dutertre, **d'Hautpoul**, par Forestier. — **Dommartin**, par Dutertre. — Général **Dorsenne**, par Vilyn, et anonyme. — **Drouet d'Erlon**, général par

Meyer. — Forestier, Bosselmann, par Charon, en pied.

508 **Dugommier**, général (anonyme), par Forestier et Lefèvre. — **Dugua**, général, **Dugua** *fils*, aide-de-camp, par Dutertre. — Général **Duhesme**, par Levachez, avec scène de Duplessis-Bertaux. — **Dumanoir**, par Dutertre. — **Dumas**, général, par Bonneville, et Schmidt, par Marchand, en pied, in-fol. — **Dumesnil-Durand** au physion. Quenedey. Rare. — Général **Dupas**, par Dutertre.

509 **Duphot**, général, par Bonneville et Schmidt. — Général **Dupont**, par Forestier. — Général **Duroc**, par Velyn, d'ap. Mlle de Noireterre, 1814. — Général **Ernouf**, par Forget. — Le colonel **Fabvier**, coiffé d'un turban, en pied,

510 **Faucher** (César et Constantin), dits les jumeaux de la Réole, sur la même feuille.

511 **Faurie**, **Fereaut**, par Dutertre. — Général **Ferino** au physion. Chretien. Rare. par Bonneville, Herhau, d'ap. Guérin. Joly. — **Fournier-Sarlovèze**, joli portrait par Bouchardy. — Généraux **Fressinet**, par D.-C. — **Friant**, par Dutertre, Forestier. — **Fririon**, au physion. Bouchardy Rare. — **Garbé**, par Dutertre, **Gérard**.

512 **Gourgaud**, général, par Badoureau, et lith. Langlumé, 1815. — **Gouvion Saint-Cyr**, par Fiesinger. d'ap. Guérin. — Lasinio, chez Esbrard, en pied. — Général **Grenier**, dans un médaillon rond, de profil, à gauche, rare. — **Grouchy**, par Joly. — Forestier et Charon, d'ap. Aubry; ce dernier en pied. — **Gruyer**, par Lefèvre, d'ap. Mallard — **Gudin**, par Forestier et Gabriel. — *François* **Guérin**, général par Forestier.

513 **Harné**, grenadier aux gardes françaises, et **Humbert**, horloger. Chez Basset. Rare.

514 **Hédouville**, général, par Joly, avant et avec la lettre. — Général **Hubert**, par Oortman, d'ap. de Laval. — Le général **Humbert**, par Bonneville. — Général **Jorry**, parLi ps. — Général **Jourdan**, par Coqueret, d'ap. Ledru, en pied, in-fol. — Par Gautier, d'ap. le même. — Par Lasinio, Forgeur, Levachez, avec scène de Duplessis-Bertaux. — 2 anonymes, dont l'un avec entourage de branches de chêne.

515 **Junot**, général, par Dutertre, Rochereaux, Forestier et Charon, d'ap. Martinet ; ce dernier en pied.— **Kellerman**, duc de Valmy, par Bonneville, Lingée, Forget. — **Kellermann** fils, général, par Forestier et Johannot. — **Kilmaine**, général, par Damstedt, 1799, et Bonneville. — Général **Klein**, par Tassaert. — **Labédoyère** colonel, 2.

516 **Laborde**, général, d'ap. Mlle de Noireterre. — **Lachastre** (de), par Coqueret, d'ap. Bouché. Rare. — Généraux **Lallemand**, **Lamarque**, par Forestier. — **Lannes**, par Charon, d'ap. Aubry, en pied. — d'ap. Gérard. — Bollinger, Badoureau, d'ap. Parizeau. — Forestier, anonyme. Chez Charon, actions glorieuses.—**Lanusse**, général, 2 par Dutertre.

517 **Large** (de), baron de Saint-Cyr, joli portrait au physion. Quenedey. Rare. — **Lariboissière**, général, par Delvaux, avant et avec la lettre. — **Laroche-Dubouscat**, général. — **Lasalle**, général, par Perrot, d'après Parizeau. — Par Charon, d'ap. Aubry, et Esbrard, en pied. — Général **Lauriston** par Charon, d'ap. Martinet, en pied. — **Lecourbe**, général, Fiesinger, Roger, d'ap. Guérin, et anonyme. — **Lefèvre**, duc de Dantzick, par Herhan, anonyme, et Joly, d'ap. Meyer. — Général **Lefèvre-Desnouettes**, par Forestier. — **Legrand**, par Joly, d'ap. Meyer

518 **Lemarrois**, général, par Tassaert, d'ap. Muyar. — **Lepic**, par Forestier. — **Lery**, par Tassaert. — Général **Letort**, par F. Lignon, avant et avec la

lettre. — **Lejeune**, **Lhéritier**, par Forestier. — **Liegard**, par Bonneville. — **Liron** (de), par Lambert. — (Général **Loison**, par Tasshert.) — **Lullin**, marquis de Châteauvieu, joli petit portrait.

519 **Macdonald**, général, joli petit portrait, médaillon rond, par Levachez. — Par Levachez, avec scène de Duplessis-Bertaux. Anonyme. Renard, Forssell, Lignon, Lambert. — **Malher**, général, au physion. Bouchardy. Rare. — **Malus**, major, membre de l'Institut, au physion. Bouchardy. Rare. — **Maransin**, général, d'ap. Guibert.

520 **Marbot**, général, par Coqueret. d'après Wicar, l'an VIII. Très rare.

521 **Marceau**, général, en pied, an VII, in-fol., par *Sergent*. Beau portrait. Épreuve sup. Rare.

522 **Marchand**, général, par Forestier. — **Margaron** par le même. — Général **Marmont**, par Lambert, Joly, et Forster, d'ap. Muneret. — **Massena**, par Morel, l'an V. — Par Levachez, avec scène de Duplessis-Bertaux, par Coqueret, d'ap. Ledru, in-fol. — Par Lefèvre, en pied, in-4. — Par Zell, 1800, en pied. — Anonyme. — Par Forget. — Chez Charon, actions glorieuses.

523 **Miranda**, général, par Bonneville, et Gaucher. 2 portraits rares.

524 **Molitor**, général, par Bowart, d'ap. Mullard. — Chez l'auteur, rue de Touraine. — Général **Moncey**, par Hugel, avant et avec la lettre. — Colonel **Moncey** sur son tombeau, lith. par Horace Vernet, 1818. — Général **Monnier** par Bonneville. — Par Gaucher, an X, d'ap. Lebarbier. — Par Bourgeois, d'ap. Lebarbier, en pied, in-4. — Par Coqueret, d'ap. Lebarbier, en pied, in-fol. — **Montbrun** (Louis-Pierre), général, par Velyn, d'ap. Mlle de Noireterre, en noir et en couleur. — Chez l'auteur, rue de Touraine. —

Montbrun (Hugues), colonel, au physion. Rare.— **Montholon**, général, 3. — Généraux **Montrichard**, **Morand**, **Morlant**, **Mortier**, **Mouton**.

625 **Ney** (Michel), 10. — **Oudinot**, duc de Reggio, 8 dont un par Forster, d'ap. R. Lefèvre. — Général **Perignon**, 3. — **Pie**, grenadier, par Janinet, d'ap. Monnal **Pinot**, général, à cheval, colorié. — **Poniatowski**, par Forestier. — Généraux **Poret de Morvan**, **Préval**, **Privé**, **Prost**, par Forestier.

626 **Rampon**, général, 3. — **Rapp**. 3. — **Regnier**, général, par Bonneville, Herhan, d'ap. Guérin et Nettling, 3. — Général **Reille**, par Forestier. — Général **Rey**, par Lingé, d'ap. Point et Forestier, 2. — Général **Ricard**. — **Richepanse**, par Bonneville. — Général **Romme**, par Forestier.

627 **Sainte-Suzanne**, général, par Fiesinger, d'après Guérin, 2; Tassaert, 2.— Général **Saligny**, à cheval, colorié.—**Sanson**, par Forestier.— Colonel *B.* **Salleix**, lith. — Général **Saulnier**, joli portrait en bistre avant la lettre, rare. — Général **Scherer**, à la bataille, beau portrait en pied, in-fol. — **Schmitz**, maréchal de camp en retraite, lith. par H. Vernet. — **Sébastiani**, 5 — **De Ségur** (Philippe), par Forestier. — **De Serans**, général, par Delvaux.

628 **Serrurier**, général, par Bonneville.— Par Schmidt, rare. — **Sulkouski**, par Dutertre — Général **Songis**, par Joly. — Généraux **Souham**, **Soulès**, par Forestier. — **Soult**, duc de Dalmatie, 3. — Général **Suchet**, 6. — Généraux **Tarayre**, **Thiébault**, **Turreau**.

629 **Valence**, général, dans un médaillon rond, joli portrait avant la lettre, rare. — **Vallongue**, par Forestier. Général **Vandamme**, 3 dont un en pied par Charon. — Généraux **Verdier**, **Vial**, **Victor**, duc de Bellune, 3. — **Warlé**, général, à cheval, colorié.

[illegible]

[illegible] [illegible] Liquide 3

Liquide 1 50

Valet [illegible] Liquide [illegible]

Liquide 2

[illegible] Valet) [illegible]
[illegible] Valet { Liquide 3 50
[illegible] Valet) Liquide 8

Liquide 2

Valet
[illegible]
[illegible]

Liquide 1. 50

530 Un héros par victoire. Portraits dans un rond entouré d'étoiles, de Murat, Lannes, Soult, Desaix, Kléber, Rapp, Poniatowski. Réunion intéressante de vingt-trois généraux célèbres. Chez *Charon*.
— Le médaillier des braves maréchaux de France, 18 portraits sur la même feuille.

531 Officiers et généraux de la même époque, 149 portr. à diviser.

CHEFS VENDÉENS.

532 **Boissière-Lennuic** (Marquis de la), au physion. Quenedey. Joli petit portrait. *Rare.*

533 **Bonchamps** (Marquis de), par Mme Marchand et Forestier.

534 **Cadoudal** (Georges), à l'eau-forte, par Denon. A droite Polignac.
— par Gauthier, et anonymes, 3.
— en pied, chez Martinet.
— dit *Larive*, dit *Masson*, un pistolet de chaque main, en pied, colorié.
— avec la scène de son arrestation au bas.
— Son arrestation. Pièce coloriée, chez Bance.
— Même sujet. On voit à droite deux agents renversés qu'il a blessés. Pièce coloriée.
— Le même personnage en pied, son chapeau à la main. Au bas, on lit : GEORGES, *fameux chef de brigands*, arrêté le 18 ventôse an XII. Chez *Bonneville*. En tête d'une feuille du procès. *Rare.*

535 **Cathelineau**, par Penguilly. (Nous n'avons pas de portrait du temps.)

536 **Charette**, par Bonneville, et anonymes, 4.
— Coiffé d'un mouchoir. Au bas, une charette.
— Coiffé d'un chapeau. Au bas, une charrette.
— Par Levachez, avec scène de Duplessis-Bertaux, 2.

537 **Cormatin**. Dessiné au tribunal par *Bonneville*.

538 **Larochejacquelein** (Henri de), par Hourdain et Lambert, d'ap. Guérin.

Larochejacquelein (Louis de), avant la lettre.

539 **Lescure** (Louis-Marie de), dessin du temps. *Unique.*

— par Koenig, d'ap. Lefèvre, et anonyme, 2.

540 **Stofflet.** Il est coiffé d'un chapeau avec plumes. Pistolet et poignard à sa ceinture. Ce portrait est de la plus *grande rareté.*

SOUVERAINS ETRANGERS.

541 **Alexandre Ier**, empereur de Russie, coiffé d'un chapeau, dans un médaillon rond, avant toute lettre, joli petit portrait, rare. — En pied, par *Debucourt*, 1807. — Par Alex. Tardieu, avant et avec la lettre, etc. 27 pièces.

542 **Catherine II**, impératrice de Russie, par Barbier, d'ap. de Mailly, joli petit portrait. — Par Lebeau. — — Par Saint-Aubin, 2 ép., l'une avant les noms d'artistes. — Par Fosseyeux. 1788. — Par Guttenberg, d'ap. Rottari. — Par Lips. — Par Della Libera. — Par Macret, en couleur.

— Par divers, 8, dont un en pied.

543 **Charles IV**, roi d'Espagne, anonyme. — Avec la reine, par Matheo Gonzales. — Avec tous les membres de sa famille, 7 figures avant toute lettre. 3 pièces.

544 **Ferdinand VII**, roi d'Espagne. 7 pièces.

545 **Ferdinand Ier**, roi des Deux-Siciles, par G. Morghen, d'ap. Camoncini, joli petit portrait.

546 **François Ier**, empereur d'Autriche. (Il avait d'abord été désigné sous le nom de François II, comme empereur d'Allemagne. Bolt., 1792, par Adam. 1794. — Lasinio. Fleischmann, etc. — 18 pièces.

…uerola 7 50

…guerola 16 Patel 15

Patel 3

…ouala 21, Patel 15

[illegible]

547 **Frédéric-Guillaume III**, roi de Prusse, par Forster, d'ap. Gérard, beau portrait. — Par Alex. Tardieu, d'ap. Moreau jeune. — Ruotte, etc. — 10 p. *Louise-Auguste-Wilhelmine-Amélie*, reine de Prusse par Alex. Tardieu, Steinla, Ruotte, etc. 5 pièces. — *Louis-Ferdinand*, prince de Prusse, 2 portr.

548 **Georges III**, roi d'Angleterre. — Par Fritsch, 1783. — Dupin, d'ap. Desrais. — Spilsbury, d'après Meyer. — Brooksaw. — Bonneville. Hopwood, d'ap Gainsborough. — Lasinio. — En pied, chez Basset. — — En pied, 1810, époque de sa démence. — Par Stadler, d'ap. Rosenberg, 1819, en pied. 10 p.

549 **Georges**, prince de **Galles**, régent pendant la démence de Georges III. — En pied, 1782. — Par Van Assen, joli petit portrait. — Sharp, d'ap. Burner, 1791. — Zatta, avant le nom des artistes. — Heath, 1812. — Avec trophées, 1814. — Bertrand, d'ap. Philipps. — Lignon, d'ap. Vigneron. — Schmit, d'ap. West. 9 p.

— Comme roi, sous le nom de *Georges IV*, par Bolt. — Par Lupton, d'ap. Wivel. 2 pièces.

550 **Paul I**er, empereur de Russie, 1762, avec les noms d'artistes en russe. — Par Pasch, d'ap. Voille. — Lebeau, 1782, joli portrait. — Corbule, d'ap. Ramsay. — A cheval, chez Basset, 1782. — Radigues, d'ap. de la Pierre, joli petit portrait. — Scorodoumoff. — Loschenkohl. — D'ap. Desrais. — Avec Marie Fædorowna, par Berthet. — Ces portr. sont avec le titre de grand-duc. 10 pièces. — Avec le titre d'empereur de Russie; par Mechel, 1797. — Par Schiavonetti, d'ap. Valderwerks. Charmant portrait en couleur. 1797.

GÉNÉRAUX ET AUTRES PERSONNAGES ÉTRANGERS.

551 **Bagration** (prince), général russe.

552 **Blucher**, général prussien, avec entourage de trophées. — Autre, par Steinla, d'ap. Schmidt, 2 p.

553 **Brunswick** (Charles-Guill.-Ferdinand, duc de), général prussien, par Kohl, d'ap. Graft. —Par White. *Brunswick-Oels* (Fréd.-Guill., duc de), par Hullmann. — Autre, coiffé d'un schako, avec tête de mort et ossements en croix.

554 **Charles** (Archiduc), célèbre général autrichien, par Adam, d'ap. Posch. — Médaillon rond, avant toute lettre. — Weis, d'ap. Kininger. — Kohl, d'ap. Luxer, Levachez fils, joli portrait en couleur. — Levachez, en noir. — Weis, d'ap. Monsorno. — Bock. — Coiffé d'un chapeau, médaillon rond, avant toute lettre. — Cardon, avec entourage de trophées. — Natter, d'ap. Kininger. — Alix, en pied. 12 p.

555 **Clairfayt**, général autrichien. Épr. avant toute lettre.

556 **Ferdinand** (Archiduc), général autrichien, par J. Mercorus, joli portrait.

557 **Godoi** (Manuel), prince de la Paix, par Fosseyeux, d'ap. Steven, en pied. — Par Selma, d'ap. Carnicero. — Au physion. Bouchardy. 3 p.

558 **Kourakin** (Prince Alexandre), a été ambassadeur en France, par Roy, 1810, joli portrait en couleur.— Par Roy, 1812. — Par Klauber, d'ap. Baravikowsky, Beau portrait. 3 pièces.

559 **Langeron** (comte de). Français qui a porté les armes contre la France. Général Russe. — D'après Fleischmann. — Autre, par Vilyn, d'ap. Mlle de Noireterre.

Lai. 3.

Reyhuque 10.50
4 pieces

Laj. 5

aj. 6

Laj. 8

Laj. 4

Laj 5

Laj. 4

Puybarque 3

Laj. 4

560 **Nelson**, amiral anglais; par Bock. — Par D. Orme. — Par Neidl, d'ap. Orme. — Par W. Brown, d'ap. Orme. Par Bock, d'ap. Orme. — Chez Bonneville. — 2 anonymes. 8 pièces.

561 **Palafox** (José), capitaine-général, célèbre par l'héroïque défense de Saragosse, en 1808; Deterive *delin.* Rare.

562 **Platoff**, général russe, par Smith, d'ap. Dahling.

563 **Rostopchin**, gouverneur de Moscou lors de l'incendie de cette ville. — Gravé d'ap. le tableau original. Rare.

564 **Sacken** (Comte), général russe, par Muller, d'ap. Smolky, et Lignon, d'ap. Vigneron. 2 pièces.

565 **Saint-Priest** (vicomte de), Français qui a porté les armes contre la France, aide-de-camp général de l'empereur de Russie, mortellement blessé à la bataille de Rheims, le 1er mars 1814; au physion. Bouchardy. Rare.

566 **Soltykoff** (Prince), général russe.

567 **Suwarow-Rimniski**, célèbre général russe, par Bartolozzi. — Thelott, 1794. — Schmid. — Klauber. — Benoist, en couleur avant la lettre. — Tassaert. — Canu, 2 — Publié à Saint-Péterburg, par Cerimsksky. — 2 anonymes. 11 p.

568 **Wellington**, général anglais, par Fleshmann. — Graff. — Chez Potrelle, en couleur. — Médaillon rond, en couleur. — Lignon, d'ap. Vigneron. — Lucas, d'ap. Lawreince. — Anonyme. 7 pièces.

569 **York** (Frédéric, duc d'), par Schiavonetti, d'après Bayle. — Vinkeles, d'ap. le même. — Zatta, d'après Vérité. — Schiavonetti, d'ap. Huet Villiers. 2 anonymes. 6 pièces.

COLONIES.

570 **Christophe**, incendiaire de la ville du Cap, par Bonneville. Rare.

571 **Petion** (Alex.), président d'Haïti, par Dissard. — F : couleur, anonyme. 2 pièces.

572 **Toussaint-Louverture**, par Bonneville. — Par Lauger. — De trois quarts, dirigé à gauche, coiffé d'un chapeau à plumes, anonyme. — A cheval, 2 coloriés. — Tout saint en général ne fait pas miracle. Très-rare. 6 pièces.

RESTAURATION.

573 Entrée des puissances alliées à Paris, le 31 mars 1814, par Levachez, d'ap. Pecheux.

— Les illustres alliés, petite pièce en couleur, chez Lecerf.

574 Entrée de Louis XVIII à Paris, le 3 mai 1814, par *Alix*, d'ap. Pecheux.

— Le porte-drapeau de la fête au retour de Louis XVIII, le 3 mai 1814. — Louis XVIII au milieu de trophées, *dessin* par P. Grégoire, 1814.

575 Siége d'Huningue (1815). Le général Barbanègre se retirant avec les honneurs de la guerre après avoir soutenu avec 135 hommes, le siége de la place contre une armée de 25,000 hommes. Lith. par Marlet.

576 Entrée de Louis XVIII à Paris, le 8 juillet 1815, par *Alix*, d'ap. Martinet.

577 Le triomphe des Lys; au bas, à droite, médaillon de Napoléon. Jolie pièce coloriée.

578 Sur l'évasion de M. de Lavalette. 2 pièces.

579 Entrée de la duchesse de Berri à Marseille, le 30 mai 1816. — A Paris, le 16 juin 1816. — Mariage du duc de Berry avec Marie-Caroline de Naples, le 17 juin 1816, dans l'église métropolitaine de Paris. — 3 p.

580 Inauguration de la statue de Henri IV, le 25 août 1818, avec la vue de l'arc de triomphe tel qu'il était disposé.

581 Sur l'assassinat et la mort du duc de Berry (1820). 5 pièces.

La. 7

La. 8

a. 8

Tab. 5

Leg. 10

582 Séance d'une chambre sous la Restauration. Représentation caricaturale figurée par des dindes, des coqs, des ânes et autres animaux. *Dessin* à la plume, lavé et colorié, spirituellement composé.

583 Chambre des députés, 1820. Les journaux de l'époque y sont figurés.

— De 1820 à 1821. — De 1821 à 1822.

— De 1823. Les journaux y sont figurés.

— De 1824. 5 p.

CARICATURES.

584 Vœu des Royalistes, Louis XVIII rentrant en France à cheval derrière un Cosaque. Rare. — Grand assaut d'armes entre le fils de saint Georges et le fils de saint Louis. — Eh vite ! eh vite ! sortez de votre gand. — La parade. — Le départ des quatre fils Aymon. — Les compagnons d'Ulysse. — Fuite précipitée, ou les lièvres en campagne. — Le départ souhaité. — Le Don Quichotte du Midi. — Le moment fatal approche. — Oh ! le bon temps ! quel dommage qu'il ait duré si peu. — La balançoire. — Le coup de pied de l'âne. — Chateaubriand prêchant contre Napoléon. — Efforts impuissants des grands-maîtres de l'ordre de l'Éteignoir. — Le cheval lié de cinq Louis. — Ils tournent selon le vent. — Les sauveurs du peuple. — Bertrand avec Raton. — Le départ, l'arrivée, le séjour d'un émigré. — Trois lurons et l'ombre d'un brave. — Le ventre. — Diplôme de libéralisme. — Diplôme de cabaleur pour les élections. — L'avale et le pendart de nez (sur M. de Lavalette et le maréchal Ney.) Lecture du *Drapeau blanc*. — Le crépuscule. — Etc. — 293 caricatures sur la Restauration, dont un grand nombre sont rares. — A diviser.

585 Bivouac des Russes aux Champs-Elysées, le 31 mars 1814. — Bivouac des Anglais. — Les Anglais au Palais-Royal — Anglais, voilà les Français. — La

partie de plaisir, par *Debucourt*, d'ap. C. Vernet. — La promenade à cheval. — Les petits-maîtres anglais. — L'Anglaise à Tivoli. — Costumes militaires russes, prussiens, autrichiens, anglais, écossais, etc. 108 caricatures à diviser.

PORTRAITS.

686 **Louis XVIII**, par Klauber, 1800. — D'après nature à Gand, de profil à gauche. — D'après nature à Saint-Ouen, 4 mai 1814. Rare. — Par *Quenedey*, joli portrait en couleur. Rare. — Par *Levachez*, d'ap. Vigneux. Beau portrait en couleur. Rare. En haut de l'Almanach du Lys, 1816. — Par *E. Lingée*, joli petit portrait. — Par Levachez fils, d'ap. Duplessis. — Par Raphaël Morghen. — Par Roger, d'ap Parant. — Avec entourage d'ornements, anonyme. — Par *Decle*, en couleur. — Par Cardon, d'ap. Monenteuil, en couleur. — Par Mᵈ de V. *Très-rare*. — En pied, par *Debucourt*, d'après Bera. Beau portrait en couleur, rare. — Le soleil de la France entouré des princes et princesses de la famille, par L. Pérée. Curieux et rare. — Avec les princes alliés, en couleur, par *L. Pérée*. — En haut de l'Almanach du Lys, 1817. Par *Alix*, d'ap. Pasquier, en couleur. — Par Cardon, en costume royal, la main sur la Charte. — En pied, par Jazet. — Par Audouin. — Beisson, etc. 147. — A diviser.

687 **Monsieur, comte d'Artois**, lieutenant-général du royaume. — Par Canu, le jour de son entrée à Paris. — Au physion Quenedey, rare. — Par Tussaert — Cardon, d'ap. Monenteuil, en couleur. — De trois quarts, tourné à gauche, médaillon rond en couleur. — Par Garnier, d'ap. *Gérard*, beau portrait avant la lettre. — Comme roi, en pied, avec manteau royal, beau portrait par *Debucourt*, rare, etc. 56 pièces à diviser.

588 **Duc d'Angoulême**, par *Lecœur*, d'ap. Golard. — D'ap. nature, par Benoist. — Avec le comte d'Artois, le duc de Berri, Louis XVI, Marie-Antoinette et le dauphin réunis, en couleur, jolie pièce. — Par Schiavonetti, d'ap. Danloux. — Petit médaillon ovale, avant la lettre. — Chez Potrelle. — Sur la même feuille que Wellington, à gauche, en couleur. — Par *Villeneuve*. — Par Choubard, avant la lettre. — Par Legrand, de profil, à droite, etc. — 35 pièces à diviser.

589 **Duchesse d'Angoulême**, d'ap. nature, à Bordeaux, de profil à droite, joli petit portrait, rare. — A l'eau-forte, de profil à droite, par *M. A. Julie Forestier*, joli portr., rare. — D'ap. nature, par Benoist. — Par Decle. — Chez *Mme Lingée*. — Par *Bartolozzi*, avant la lettre, joli et rare. — Par Cooper. — Avec entourage d'ornements. — Par Hourdain. — Par Audouin, d'ap. Dumont, beau portrait. — Par Choubard, avant la lettre — Par Canu, en couleur. — Par Cardon, en couleur. — Par Bertrand, en couleur. — — Par *Debucourt*, priant au tombeau de ses parents. — En prière à Saint-Étienne-du-Mont, 6 janv. 1816. En pied, d'ap. nature, au château des Tuileries. — Par Blanchard, d'ap. Blaizot. — Par Latteur. — Par Lignon. — Par Pigeot, d'ap. Bourdon, etc. — 28 p. à diviser.

590 **Duc de Berry**, d'ap. nature, par *Huet*, en couleur. Par Canu, en couleur et en noir. — Médaillon rond avant la lettre. — Par Bertrand, en couleur. — Par Roger. — Par Mme Marchand. — Par Jazet, d'ap. Colin. — Chez Pillot et Lenoir, joli portr. — Par David, en pied, etc. 37 p. à diviser.

591 **Duchesse de Berry**, par Morret. — Par Bertrand. — Par Canu, de profil, à gauche, en couleur. — Par le même, de trois quarts, à droite. — Par Leroy, d'ap. Blaizot. — Par Blaizot. — Chez Boulard. — Par

Cardon, d'ap. Monenteuil — Par Bosselmann, en buste. — Par le même en pied. — Par Cardon, d'ap. nature. — Chez Charon. — Médaillon rond, forme d'écusson. — Par Gudin, d'ap. Hesse. — En pied, avec les enfants, par Pierre-Adam, d'ap. Gérard, à l'eau-forte, etc. 37 pièces à diviser.

592 **Duc de Bordeaux** enfant, par Bertrand, d'après Olagnon, en couleur.

593 **Louis-Philippe, duc d'Orléans**, par Lignon, 1814, d'ap. Gérard. Beau portrait.

594 Sous ce numéro seront vendues les pièces omises.

Renou et Maulde, Imprimeurs de la Compagnie des Commissaires-Priseurs, rue de Rivoli, 144. 15164

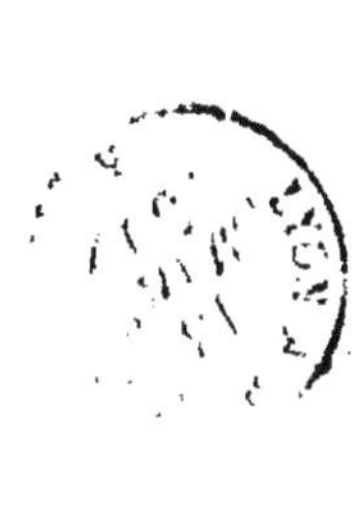

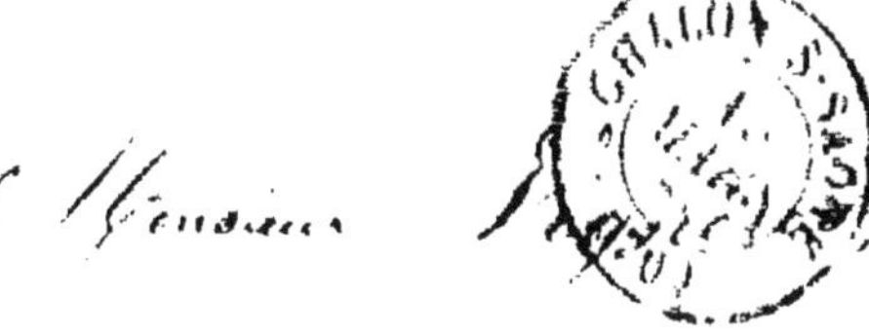

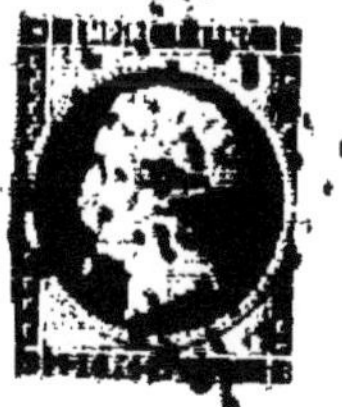

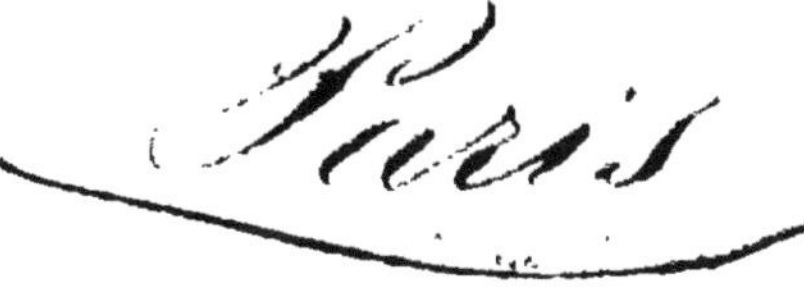
Paris

2000 1ère Edition
1791
M' Sohier de Mente
12/.

PARIS

94 Laterrade 3e catalogue

25	20 juin 1792	Vatel	9
	plus petit		7
26	Devouement Mme Elisabeth	Combrousse	23
56	la panthère autrichienne	Combrousse	10
85	Assassinat de Basville	Lajarr.	10
97	Cotonnier Louis XVI.		1
106	M. Antoinette échafaud	Combrou.	22
107	7 pièces	Combrou.	20
	11 pièces		5
116	31 Mai, 3 p.	Renouvier	6 50
122	la montagne Coloriée 2p.	Lajarriette	11 50
131	Brevet	Vatel	3
143	Mariage 3 p.	Combrouse	25
161	14 Liberté	voir Renouv.	14 50
162	Philopatrie, Prudhon		6
176	Carter	Renouv.	8
181	Calendrier	Renouv.	12
198	Bis fête à la vieillesse	Renouv.	9
216	mariages noyades	Combrouse	26
217	Sans culotte	Combrouse	25
219	le jacobin déguisé	Vatel	7
230	9 pièces	Combrou.	11
236	Babeuf	Lajarriette	5
244	tirage au sort	Lajarriette	10
248	2 Theophilanthropes	Lajarriette	5 50
249	Larevellière	Renouvier	25 50
250	Culte naturel	Combrouse	28
266	le Sans droit	Lajarriette	7
271	Constitution an VIII.	Lajarriette	5
284	Pistolets d'honneur 2p.	Lajarr.	5
290	Colonne de Rosbach	Lajarriette	5
294	Clémence de Napol. 2p.	Combrou.	3.
	3 pièces		3
296	Remerciement mariage 10p.		9
			457 50

			457 50
300	Voiture roi de Rome	Combrouse	4
331	Dembrowski	Antoine	1 50
338	Ernouf	O'Reilly	4
339	Fouché		5 50
	2°		7
	3°	Hardouin	4
	4°		6 50
	5°		7 50
342	Garonetti	Antoine	1 50
350	Kniaziewicz	Antoine	2
373	Lime enfermé	Hardouin	7 50
	D.	O'Reilly	4 50
375	Sommariva	Hardouin	1 50
386	La joie du peuple f.	Lajarr.	4
397	Bonaparte		2
418	le Consulat	O'Reilly	6
461	18 portraits		9
482	2 non catalog. Joseph	Combrou.	4
483	M. Louise cheval	Lajar.	2
484	D. 9.		6 50
	1.	Combrouse	7
487	roi de Rome 19.		1 50
489	Lucien 4.		1
490	Joseph. 12.		1 50
491	Jerome 10		1 50
492	Louis 17		2 50
493	Eugène 24		3 50
494	Murat 8		3
	D 14		1
495	Leclerc		3
499	Barruel Beauvert	Lajarriette	7
500	10 port.		1
502	Berthier 13.		3
			619 50

N°	Sujet		Prix	
503	22 port.		4	
504	Caffarelli		2	50
505	Claparède	Oreilly	1	
	3 p.		1	50
507	17 p.		3	75
508	3 p.		2	50
511	4 p.		2	25
512	1		1	
514	14		3	
515	17		3	50
	2 Labédoyère	Oreilly	3	
516	12 portr.		2	50
518	2 p.	Oreilly	1	
523	2 p. Miranda	Lazarite	2	
524	23		6	
525	26 p.		5	
526	6 p.		2	50
527	8 p.		3	75
529	Valence	Forestier	1	50
531	30 p.		5	
532	Boisierdemenin	Lazar.	3	50
534	Cadoudal	Vatel	3	
	en pied colorié		2	50
	son arrestation	Vatel	5	50
	l'arrestation		4	50
537	Cormatin	Legrand	1	
538	Lescure Larochejaquelein	Vatel	1	
	Larochejaquelein	Legrand	1	
539	Lescure	Legrand	16	
540	Stofflet	Legrand	16	
541	Alexandre		5	
547	Fréd.-Guil. III. 12.		3	50
	4		3	50
	Reine de Prusse 1	Vatel	3	
			779	75
549	2 George	Puyborgne	2	
550	Paul I. 3.		2	
551	Bagration	Lazarite	1	
553	Brunswick	Puyborgne	5	
554	Charles		3	
555	Clairfayt	Lazarite	5	
556	Ferdinand	Lazarite	2	
557	Godoï		2	25
559	Langeron	Lazarite	2	
560	Nelson		2	25
561	Palafox	Lazarite	3	
562	Platoff		1	
563	Rostopchin	Lazar.	3	25
564	Sacken	Lazarite	2	
565	Saint-Priest		2	50
566	Soltykoff	Lazarite	2	50
569	York	Puyborgne	2	
570	Christophe	Lazarite	4	
571	Petion	Lazar.	4	
573	Autre en pied	Lazarite	9	50
579	Berry	Lazarite	5	
589	1 Angoulême	Combrouse	3	
	15 .	Combrouse	11	
	11		3	25
591	Berry 2	Combrouse	4	
594	4 pièces	Combrouse	2	

www.ingramcontent.com/pod-product-compliance
Ingram Content Group UK Ltd.
Pitfield, Milton Keynes, MK11 3LW, UK
UKHW020604180726
13838UKWH00001B/421

9 782329 078045